Wissenschaftliche Taschenbücher WTB

Mathematik · Physik

Michael Gössel

Angewandte Automatentheorie I

THEORIA CUM PRAXI

Akademie-Verlag · Berlin

WTB Wissenschaftliche Taschenbücher

ROLF BORSDORF / MANFRED SCHOLZ
Spektroskopische Methoden in der organischen Chemie

WERNER HABERDITZL
Magnetochemie

GERHARD HEBER
Mathematische Hilfsmittel der Physik, Teil I und II

A. A. SOKOLOW
Elementarteilchen

HEINZ AHRENS
Varianzanalyse

HANS-JÜRGEN TREDER
Relativität und Kosmos
Raum und Zeit in Physik, Astronomie und Kosmologie

ALBERT EINSTEIN
Grundzüge der Relativitätstheorie

ALBERT EINSTEIN
Über die spezielle und die allgemeine Relativitätstheorie

GÜNTHER LUDWIG
Wellenmechanik. Einführung und Originaltexte

HARRY PAUL
Lasertheorie, Teil I und II

FRANZ RUDOLF KESSLER
Einführung in die physikalischen Grundlagen der Kernenergiegewinnung

EBERHARD TEUSCHER
Pharmakognosie, Teil I und II

D. TER HAAR
Quantentheorie. Einführung und Originaltexte

J. H. SANDERS
Die Lichtgeschwindigkeit. Einführung und Originaltexte

JEAN KUNTZMANN
Unendliche Reihen
Mathematische Hilfsmittel der Physik und Chemie
Mit 94 Übungen und 29 Aufgaben

JEAN KUNTZMANN
Systeme von Differentialgleichungen
Mathematische Hilfsmittel der Physik und Chemie
Mit 88 Übungen und 40 Aufgaben

JEAN KUNTZMANN
Komplexe Veränderliche
Mathematische Hilfsmittel der Physik und Chemie
Mit 90 Übungen und 37 Aufgaben

FERDINAND CAP
Einführung in die Plasmaphysik
I. Theoretische Grundlagen

FERDINAND CAP
Einführung in die Plasmaphysik
II. Wellen und Instabilitäten

FERDINAND CAP
Einführung in die Plasmaphysik
III. Magnetohydrodynamik

J. A. ROSANOW
Wahrscheinlichkeitstheorie

HARRY PFEIFER
Theorie linearer Bauelemente
Elektronik für den Physiker I

HARRY PFEIFER
Die Elektronenröhre
Elektronik für den Physiker II

HARRY PFEIFER
Schaltungen mit Elektronenröhren
Elektronik für den Physiker III

HARRY PFEIFER
Leitungen und Antennen
Elektronik für den Physiker IV

HARRY PFEIFER
Mikrowellenelektronik
Elektronik für den Physiker V

HARRY PFEIFER
Halbleiterelektronik
Elektronik für den Physiker VI

SIEGFRIED HAUPTMANN
Über den Ablauf organisch-chemischer Reaktionen

GERHARD HÜBNER / KLAUS JUNG / ECKART WINKLER
Die Rolle des Wassers in biologischen Systemen

STEPHEN G. BRUSH
Kinetische Theorie. Teil I und II
Einführung und Originaltexte

EBERHARD HOFMANN
Eiweiße und Nucleinsäuren als biologische Makromoleküle
Dynamische Biochemie, Teil I

EBERHARD HOFMANN
Enzyme und energieliefernde Stoffwechselreaktionen
Dynamische Biochemie, Teil II

EBERHARD HOFMANN
Intermediärstoffwechsel
Dynamische Biochemie, Teil III

EBERHARD HOFMANN
Grundlagen der Molekularbiologie
und Regulation des Zellstoffwechsels
Dynamische Biochemie, Teil IV

HERBERT GOERING
Elementare Methoden zur Lösung von
Differentialgleichungsproblemen

PETER KRUMBIEGEL
Isotopieeffekte

D. M. BRINK
Kernkräfte. Einführung und Originaltexte

DIETER ONKEN
Steroide
Zur Chemie und Anwendung

HEINZ GEILER
Ökologie der Land- und Süßwassertiere

ARTHUR P. CRACKNELL
Angewandte Gruppentheorie. Einführung und Originaltexte

DIETER KLAUA
Elementare Axiome der Mengenlehre

GÜNTER TEMBROCK
Grundlagen der Tierpsychologie

J. F. VINSON
Optische Kohärenz in der klassischen Theorie und in der Quantentheorie

W. R. HINDMARSH
Atomspektren. Einführung und Originaltexte

GÜNTER TEMBROCK
Biokommunikation
Informationsübertragung im biologischen Bereich
Teil I und II

ADOLF ZSCHUNKE
Kernmagnetische Resonanzspektroskopie in der organischen Chemie

DIETER MERKEL
Riechstoffe

JOHN CUNNINGHAM
Vektoren

GEORG DAUTCOURT
Relativistische Astrophysik

ERNST SCHMUTZER
Symmetrien und Erhaltungssätze der Physik

MICHAEL GÖSSEL
Angewandte Automatentheorie
I. Grundbegriffe

MICHAEL GÖSSEL
Angewandte Automatentheorie
II. Lineare Automaten und Schieberegister

Vorschau auf die nächsten Bände:

HEINRICH KINDLER
Der Regelkreis. Eine Einführung

WTB

BAND 116

Michael Gössel

Angewandte Automatentheorie

I. Grundbegriffe

2., berichtigte Auflage

Mit 22 Abbildungen und 40 Tabellen

AKADEMIE-VERLAG · BERLIN

Reihe MATHEMATIK UND PHYSIK

Verfasser:
Dr. sc. nat. M. Gössel
Zentralinstitut für Kybernetik und Informationsprozesse
der Akademie der Wissenschaften der DDR

ISBN 3 528 06116 2

1975

Erschienen im Akademie-Verlag, 108 Berlin, Leipziger Str. 3–4

Lizenznummer: 202 · 100/418/75
Herstellung: VEB Druckerei „Thomas Müntzer", 582 Bad Langensalza
Bestellnummer: 761 688 1 (7116) · LSV 1084
Printed in GDR
EVP 8,–

Vorwort

Das Taschenbuch „Angewandte Automatentheorie“ wendet sich hauptsächlich an einen technisch-naturwissenschaftlich interessierten Leserkreis mit dem Ziel, die Nützlichkeit automatentheoretischer Überlegungen in Technik und Naturwissenschaft zu zeigen und den Leser zu selbständigen Überlegungen auf diesem Gebiet anzuregen. Grundbegriffe und Denkweisen der Automatentheorie werden dabei möglichst anschaulich erläutert.

Exakte Formulierungen und anwendbare Resultate setzen die Verwendung mathematischer Methoden voraus. Ich hatte aber nicht das Ziel, ein Mathematikbuch zu schreiben, und die mathematischen Methoden sind hier, wie wohl in jeder technisch-naturwissenschaftlichen Abhandlung, als Beschreibungsmittel von Sachverhalten anzusehen. Der an mathematischen Feinheiten interessierte Leser sei etwa auf [4] verwiesen.

Um an die Problematik heranzuführen, werden in der Einleitung einfache Beispiele der täglichen Umgebung in automatentheoretischer Sicht beschrieben.

Es schließt sich ein Kapitel an, in dem Grundbegriffe der Automatentheorie erläutert und mathematisch präzisiert werden. Verschiedene Automatentypen, Darstellungsmöglichkeiten, Zustandsminimierung, isomorphe und homomorphe Bilder von Automaten, Realisierungen durch Flip-Flop-Elemente und formale Neuronen und Lernprozesse werden betrachtet. Besonders wichtig scheinen mir die vielen Beispiele, die die mathematischen Formulierungen illustrieren.

Im zweiten Teil werden dann zwei spezielle Automatentypen, lineare Automaten und Schieberegister, behandelt.

Die Eigenschaften linearer Automaten lassen sich relativ leicht beschreiben, und sie sind deshalb auch ziemlich detailiert untersucht worden. Ihre Anwendung in der Nachrichtentechnik zur Kodierung, bei der Modellbildung anhand von Input-Outputexperimenten und auch in der Biologie lassen sie auch von dieser Seite her interessant erscheinen.

Schieberegister sind gegenwärtig in der Nachrichtentechnik zur periodischen Erzeugung von Binärfogen, Pseudozufallszahlen und zyklischen Kodes von großem Interesse. Bei zunehmender Verbreitung der integrierten Technik werden sie als Bauelemente eine noch größere Bedeutung erlangen. Infolge ihrer einfachen inneren Struktur sind sie ein dankbares Objekt automatentheoretischer Untersuchungen.

Ein kurzer mathematischer Anhang ist hinzugefügt, um die Lesbarkeit des Buches zu erleichtern. Auf viele Fragestellungen der Automatentheorie konnte ich nicht eingehen.

Herrn Professor Dr. W. Kämmerer, Jena, möchte ich für viele Anregungen und viele freundliche Gespräche sehr herzlich danken.

Für Diskussionen über nachrichtentheoretische Probleme danke ich Herrn Dr. H. Hofmann, Dresden.

Herrn Professor Dr. H. Völz, Berlin, danke ich dafür, daß er mir zur Fertigstellung des Manuskriptes sehr gute Arbeitsbedingungen ermöglichte.

Für die Herstellung des Manuskriptes danke ich Frau B. Schneider, Jena, sehr herzlich. Ohne ihre Mithilfe hätte ich das Buch in der zur Verfügung stehenden Zeit nicht schreiben können.

Dem Akademieverlag, insbesondere Frl. Dipl. Math. R. Helle, danke ich für gute Zusammenarbeit.

April 1971 Michael Gössel

Inhaltsverzeichnis zu Band I

1. Beispiele von Automaten

1.1. Der Wechselautomat 7
1.2. Die Mausefalle 8
1.3. Flip-Flop-Elemente 12
1.4. Die Uhr 15
1.5. Aufstieg und Abstieg 17
1.6. Elektronenübergänge 19
1.7. Frage und Antwort 21

2. Abstrakte Automaten

2.1. Definitionen 21
2.2. Darstellungen endlicher abstrakter Automaten . . . 25
2.3. Isomorphie und Homomorphie 32
2.4. Äquivalenz und Reduktion 43
2.5. Ereigniskalkül 56
2.6. Realisierungen durch Flip-Flop-Elemente 61
2.7. Realisierungen durch formale Neuronen 71
2.8. Lernsystem und Lernprozeß 79

Anhang I

1. Mengen 92

2. Boolesche Funktionen 94

Literatur 99

Sachverzeichnis 101

Inhaltsverzeichnis zu Band II

3. Lineare Automaten

3.1. Die allgemeine Response-Formel und das Superpositionsprinzip . . . 5
3.2. Lineare sequentielle Schaltkreise . . . 8
3.3. Minimierung . . . 11
3.4. Lineare Darstellungen . . . 17
3.5. Übertragungsfunktion . . . 21
3.6. 0-initial-Äquivalenz und minimale Modellbildung . . . 32
3.7. Erzeugung von Gruppenkodes durch lineare Automaten 44
3.8. Beschreibung eines Selektionsprozesses . . . 50

4. Schieberegister

4.1. Definitionen und grundlegende Eigenschaften . . . 57
4.2. Periodische Erzeugung vorgegebener Binärfolgen . . . 61
4.3. Pseudo-Zufallszahlen . . . 75
4.4. Lineare Schieberegister . . . 80
4.5. Zyklische Kodes . . . 88
4.6. Frequenzteiler . . . 95

Anhang II

1. Galois-Feld GF (p) . . . 103

2. Z-Transformation . . . 104

3. Matrizen . . . 107

4. Auflösung linearer binärer Gleichungssysteme . . . 111

Literatur . . . 113

Sachverzeichnis . . . 116

1. Beispiele von Automaten

1.1. Der Wechselautomat

Der Wechselautomat dient dazu, Geldstücke zu wechseln, etwa 50-Pfennigstücke in Groschen. Es soll möglich sein, zu gewissen diskreten Zeitpunkten t ein 50-Pfennigstück in den vorgesehenen Schlitz einzuwerfen oder nicht. Diese beiden Eingabemöglichkeiten bezeichnen wir mit x_1 und x_2.

Es ist möglich, daß der Automat 5 Groschen, ein 50-Pfennigstück oder nichts ausgibt. Diese drei möglichen Ausgaben sollen mit y_1, y_2, y_3 bezeichnet werden. y_1 ist das im allgemeinen gewünschte Ereignis, y_2 tritt dann ein, wenn im Automaten keine Wechselgroschen vorhanden sind, und y_3 tritt ein, wenn nichts eingeworfen wurde.

Die Menge $\{x_1, x_2\}$ nennen wir Eingabe- oder Inputalphabet, die Menge $\{y_1, y_2, y_3\}$ Ausgabe- oder Outputalphabet. Mit Hilfe des Begriffes „Zustand $z(t)$" wird hier beschrieben, ob und in welcher Menge zum betrachteten Zeitpunkt t Wechselgroschen vorhanden sind. $z(t) = z_m(t)$ soll hier bedeuten, daß $5m$ Groschen zur Zeit t im Automat sind. $5 \cdot n$ sei die größte Zahl von Groschen, die im Automaten Platz haben.

Die Arbeitsweise des Wechselautomaten läßt sich dann am besten mit Hilfe zweier Tabellen beschreiben. Die eine gibt an, in welchen Folgezustand $z' = z(t+1)$ ein Zustand $z(t)$ durch den Input $x(t)$ überführt wird. Diese Tabelle (1) heißt Überführungstabelle.

Die andere gibt an, welcher Output $y(t)$ zum Zeitpunkt t auftritt, wenn sich der Automat im Zustand $z(t)$ befindet und der Input $x(t)$ anliegt. Diese Tab. 2 heißt Ergebnistabelle.

Tabelle 1

Zustand $z(t)$

Input $x(t)$	z_0	z_1	z_2	...	z_{n-1}	z_n
x_1	z_0	z_0	z_1	...	z_{n-2}	z_{n-1}
x_2	z_0	z_1	z_2	...	z_{n-1}	z_n

Überführungstabelle

↑ Folgezustand $z(t + 1)$

Tabelle 2

Zustand $z(t)$

Input $x(t)$	z_0	z_1	z_2	...	z_{n-1}	z_n
x_1	y_2	y_1	y_1	...	y_1	y_1
x_2	y_3	y_3	y_3	...	y_3	y_3

Ergebnistabelle

↑ Output $y(t)$

1.2. Die Mausefalle

Die Mausefalle kann entweder gespannt oder nicht gespannt sein. Sie wird dementsprechend durch zwei Zustände charakterisiert, die wir mit 1 und 0 bezeichnen. Die beiden möglichen Inputs: „Die Maus kommt (zum betrachteten Zeitpunkt) in Reichweite der Feder; „Die Maus kommt nicht in Reichweite der Feder", bezeichnen wir ebenso, wie die beiden Outputs „Die Maus wird erschlagen"; „Die Maus wird nicht erschlagen" durch 1 und 0.

Die Überführungs- und Ergebnistabelle haben die in Tab. 3 u. 4 dargestellte Form.

Das Verhalten dieses Automaten, den wir $\mathcal{A}_1$ nennen, läßt sich auch gut an einem Diagramm oder Graphen veranschaulichen, der in Abb. 1 dargestellt ist.

Tabelle 3

$x(t)$ \ $z(t)$	1	0
1	0	0
0	1	0

↑ $z(t+1)$

Tabelle 4

$x(t)$ \ $z(t)$	1	0
1	1	0
0	0	0

↑ $y(t)$

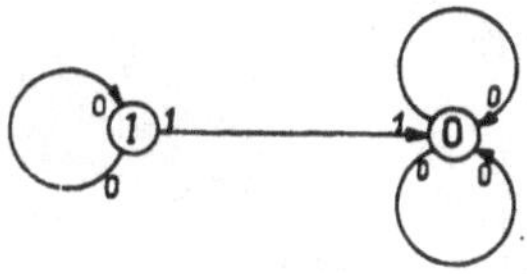

Abb. 1

Die Zustände sind mit Hilfe von markierten Kreisen dargestellt. Jeder Zustand ist mit allen seinen möglichen Folgezuständen durch einen Pfeil verbunden. Am Beginn des Pfeiles sind der Input, am Ende des Pfeiles der entsprechende Output notiert.

Vom Zustand $z(t) = 1$ geht der Automat unter Einwirkung des Inputs $x(t) = 1$ in den Folgezustand $z(t + 1) = 0$ über und gibt den Output $y(t) = 1$ aus. Vom Zustand $z(t) = 0$ geht der Automat unter Einwirkung des Inputs $x(t) = 1$ in den Folgezustand $z(t + 1) = 0$ über und gibt den Output $y(t) = 0$ aus usw. Das automatentheoretische Modell der Mausefalle läßt sich z. B. durch Berücksichtigung des Specks erweitern. Die nun möglichen 4 Zustände können durch die 2-stelligen Binärvektoren

0 0 Speck nicht vorhanden, Falle nicht gespannt
0 1 Speck nicht vorhanden, Falle gespannt
1 0 Speck vorhanden, Falle nicht gespannt
1 1 Speck vorhanden, Falle gespannt

beschrieben werden.

Überführungs- und Ergebnistabelle haben nun das in Tab. 5 u. 6 dargestellte Aussehen. Dabei ist $z(t)$ der zweikomponentige Binärvektor, dessen erste Komponente das Vorhandensein oder Nichtvorhandensein von Speck beschreibt. Die zweite Komponente von z gibt an, ob die Falle gespannt oder nicht gespannt ist. Den durch die Tab. 5 u. 6 definierten Automaten bezeichnen wir mit $\mathcal{A}_1'$.

Tabelle 5

$x(t)$ \ $z(t)$	00	01	10	11
1	00	00	00	10
0	00	01	10	11

↑ $z(t+1)$

Tabelle 6

$x(t)$ \ $z(t)$	00	01	10	11
1	0	1	0	1
0	0	0	0	0

↑ $y(t)$

Das Diagramm des Automaten ist in Abb. 2 dargestellt. Es ist klar, daß die hier betrachtete Erweiterung des automatentheoretischen Modells durch die Berücksichtigung des Specks zu einem erhöhten Beschreibungsaufwand führt (4 Zustände statt 2). Das Vorhandensein oder Nichtvorhandensein des Lockmittels hat aber auf das Funktionieren der Falle selbst keinen Einfluß, da das Vorhandensein des Specks nur die Wahrscheinlichkeit erhöht, daß die Maus zu einem betrachteten Zeitpunkt in die Nähe der Feder kommt, was aber außerhalb unserer Betrachtungen liegt.

Befindet sich der Automat $\mathcal{A}_1$ im Anfangs- oder Initialzustand 1 und der Automat $\mathcal{A}_1'$ im Initialzustand 11 oder 01, so reagieren beide Automaten mit der gleichen Outputfolge, wenn auf sie die gleiche beliebige Inputfolge einwirkt. Das gleiche gilt, wenn $\mathcal{A}_1$ im Initialzustand 0 und $\mathcal{A}_1'$ im Initialzustand 10 oder 00 ist. Das Verhalten des Modells Mausefalle kann also vollständig äquivalent durch die Automaten $\mathcal{A}_1$ und $\mathcal{A}_1'$ beschrieben werden.

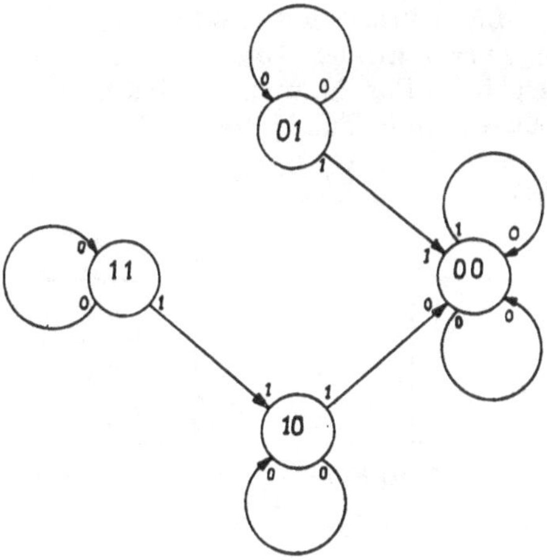

Abb. 2

$\mathcal{A}_1$ und $\mathcal{A}_1'$ sind äquivalente Automaten. Da die Anzahl der Zustände von $\mathcal{A}_1$ kleiner als die von $\mathcal{A}_1'$ ist $(2 < 4)$ und $\mathcal{A}_1$ bei vorgegebenem Verhalten die kleinste mögliche Zahl von Zuständen besitzt, nennt man $\mathcal{A}_1$ eine reduzierte Form von $\mathcal{A}_1'$. Das „Reduktionsproblem" für Automaten, d. h. das Aufsuchen der reduzierten Form eines etwa in Form seiner Tabellen gegebenen Automaten, ist eines der zentralen Probleme der Automatentheorie.

1.3. *Flip-Flop-Elemente*

Wir wenden uns nun zwei in der Elektrotechnik sehr wichtigen Automaten zu, die nur die zwei Zustände 0 und 1 annehmen, nur die Inputs 0, 1 aufnehmen und nur die binären Outputs 0, 1 ausgeben können. Wir bezeichnen sie mit $\mathcal{D}$ (delay) und $\mathcal{D}_T$ (delay, Trigger). Bei Schaltungen, die aus diesen Bauelementen bestehen, ist es üblich, daß sie getaktet werden, d. h., die interessierenden diskreten Zeitpunkte, die „Arbeitszeitpunkte“ der Schaltung, werden von einer zentralen Uhr, etwa in äquivalenter Folge, vorgegeben. Für $\mathcal{D}$ und $\mathcal{D}_T$ sind Überführungs- und Ergebnistabellen in Tab. 7 dargestellt.

Tabelle 7

$\mathcal{D}$:

$z(t+1)$:

$x(t)$ \ $z(t)$	0	1
0	0	0
1	1	1

$y(t)$:

$x(t)$ \ $z(t)$	0	1
0	0	1
1	0	1

$\mathcal{D}_T$:

$z(t+1)$:

$x(t)$ \ $z(t)$	0	1
0	0	1
1	1	0

$y(t)$:

$x(t)$ \ $z(t)$	0	1
0	0	1
1	0	1

Für $\mathcal{D}$ kann man das durch die Tabellen beschriebene Verhalten durch

$$z(t+1) = x(t) \tag{1}$$

$$y(t) \quad = z(t) = x(t-1) \tag{2}$$

ausdrücken. An Gl. 2 sieht man, daß ein Input x in $\mathcal{D}$ einen Takt lang gespeichert und im nächsten Takt ausgegeben wird. Für $\mathcal{D}_T$ erhält man entsprechend

$$z(t+1) = z(t) + x(t) \tag{3}$$

$$y(t) = z(t), \tag{4}$$

wobei die Addition modulo 2 auszuführen ist. (1) und (3) heißen Überführungsfunktion, (2) und (4) Ergebnisfunktion. Die Automaten $\mathcal{D}$ und $\mathcal{D}_T$ sollen in der in Abb. 3 gezeigten Weise veranschaulicht werden. $\mathcal{D}$ heißt Schiebespeicher und $\mathcal{D}_T$ Trigger-Flip-Flop.

Abb. 3

Beiden Automaten ist gemeinsam, daß ihr Output nur vom gegenwärtigen Zustand und nicht vom gegenwärtigen Input abhängt. Aus den Bauelementen Flip-Flop und logischen Bauelementen (etwa Konjunktion, Antivalenz, 1-Generator) kann man Realisierungen von Automaten angeben, die das gleiche Input-Output-Verhalten wie ein zu realisierender Automat haben, der etwa in Form seiner Überführungs- und Ergebnistabelle gegeben sei. Als Beispiel betrachten wir die in Tab. 3 u. 4 bzw. Tab. 5 u. 6 beschriebenen Automaten $\mathcal{A}_1$ und $\mathcal{A}_1'$.

Für $\mathcal{A}_1$ gilt, wie man unmittelbar Tab. 3 entnimmt,

$$z(t+1) = f\big(x(t), z(t)\big) \text{ mit } \begin{aligned} 0 &= f(1, 1) \\ 0 &= f(1, 0) \\ 1 &= f(0, 1) \\ 0 &= f(0, 0) \end{aligned}$$

oder in antivalenter Normalform

$$z(t+1) = z(t) + x(t) \cdot z(t)$$

und

$$y(t) = g\big(x(t), z(t)\big) \text{ mit } \begin{array}{l} 1 = g\,(1, 1) \\ 0 = g\,(1, 0) \\ 0 = g\,(0, 1) \\ 0 = g\,(0, 0) \end{array}$$

oder

$$\mathrm{y}(t) = \mathrm{x}(t) \cdot \mathrm{z}(t),$$

was zu der in Abb. 4 dargestellten Schaltung Anlaß gibt.

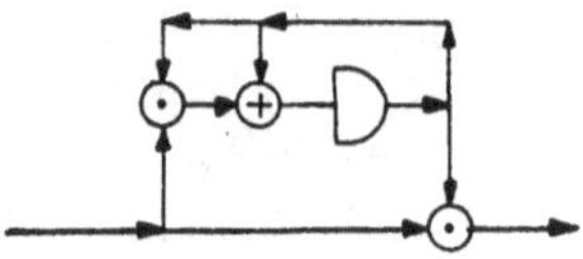

Abb. 4

Für $\mathcal{A}_1'$ erhält man mit $z(t) = \big(z_1(t), z_2(t)\big)$

$$z_1(t+1) = f_1\big(x(t), z_1(t), z_2(t)\big) \quad \begin{array}{l} 0 = f_1\,(100) \\ 0 = f_1\,(101) \\ 0 = f_1\,(110) \\ 1 = f_1\,(111) \\ 0 = f_1\,(000) \\ 0 = f_1\,(001) \\ 1 = f_1\,(010) \\ 1 = f_1\,(011) \end{array}$$

oder $z_1(t+1) = z_1(t) + x(t) \cdot z_1(t) + x(t) \cdot z_1(t) \cdot z_2(t)$,

$$z_2(t+1) = f_2\big(x(t), z_1(t), z_2(t)\big) \quad \begin{array}{l} 0 = f_2\,(100) \\ 0 = f_2\,(101) \\ 0 = f_2\,(110) \\ 0 = f_2\,(111) \\ 0 = f_2\,(000) \\ 1 = f_2\,(001) \\ 0 = f_2\,(010) \\ 1 = f_2\,(011) \end{array}$$

oder $z_2(t+1) = z_2(t) + x(t) \cdot z_2(t)$

$$y(t) = g\big(x(t), z_1(t), z_2(t)\big) \qquad \begin{aligned} 0 &= g\,(100)\\ 1 &= g\,(101)\\ 0 &= g\,(110)\\ 1 &= g\,(111)\\ 0 &= g\,(000)\\ 0 &= g\,(001)\\ 0 &= g\,(010)\\ 0 &= g\,(011) \end{aligned}$$

oder

$$y(t) = x(t) \cdot z_2(t)$$

mit der in Abb. 5 dargestellten Realisierung.

Anhand von Abb. 5 erkennt man sofort, daß der Schiebespeicher $\mathcal{D}_1$ keinen Einfluß auf das Input-Output-verhalten des Automaten hat und weggelassen werden kann.

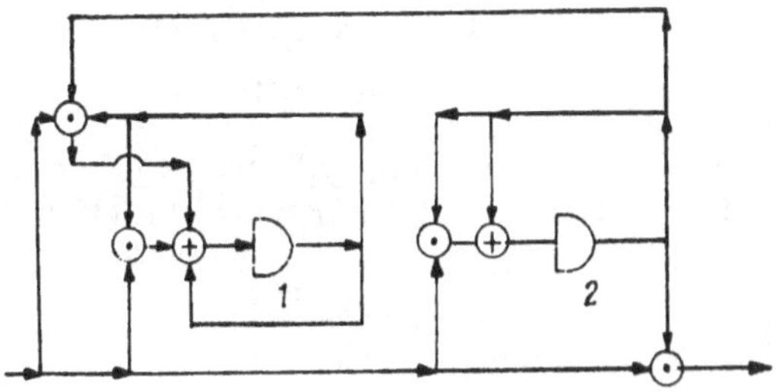

Abb. 5

1.4. Die Uhr

Wir betrachten eine Uhr mit Minuten- und Stundenzeiger. Auf dem Zifferblatt seien wie üblich 60 diskrete Punkte markiert, die wir uns von 0—59 numeriert denken. Die Zeiger sollen stets genau auf einen dieser Punkte weisen. Der Minutenzeiger springt, etwa wie bei einer Bahnhofsuhr, alle Minute, der Stundenzeiger alle 12 Minuten.

Den Zustand der Uhr beschreiben wir durch einen zweikomponentigen Vektor $\mathbf{z} = (z_1, z_2)$, dessen Komponenten die Werte 0 bis 59 annehmen. Die erste Komponente beschreibt die Stellung des kleinen Zeigers, die zweite, die des großen Zeigers. Es gibt $12 \cdot 60 = 720$ verschiedene Zustände. Die Beschreibung dieses Automaten durch Überführungs- und Ergebnistabelle ist bei einer solchen Zahl von Zuständen schon sehr aufwendig.

Für die Überführungsfunktion erhält man leicht

$$z_1(t+1) = \begin{cases} z_1(t), \text{ wenn } z_2(t) + 1 \neq 0 \text{ modulo } 12 \\ z_1(t) + 1, \text{ wenn } z_2(t) + 1 = 0 \text{ modulo } 12 \\ \qquad \text{und } z_1(t) \neq 59 \\ 0, \text{ wenn } z_2(t) + 1 = 0 \text{ modulo } 12 \\ \qquad \text{und wenn } z_1(t) = 59, \end{cases}$$

$$z_2(t+1) = \begin{cases} z_2(t) + 1, & \text{wenn } z_2(t) \neq 59 \\ 0, & \text{wenn } z_2(t) = 59 \end{cases}$$

und für den Output $\mathbf{y} = (y_1, y_2)$, wobei y_1 die Stunden und y_2 die Minuten angibt, die Ergebnisfunktion

$$y_1(t) = \left[\frac{z_1(t)}{5}\right]$$

$$y_2(t) = z_2(t).$$

Dabei bedeutet [] die größte ganze Zahl des von der Klammer umschlossenen Ausdrucks. Charakteristisch für eine Uhr ist es (wenn wir vom Aufziehen und Stellen absehen), daß sie unabhängig von äußeren Einflüssen läuft. Man kann die Uhr in einem gewissen Sinne als autonom ansehen.

Automatentheoretisch äußert sich das darin, daß der Folgezustand $\mathbf{z}(t+1)$ allein durch den Zustand $\mathbf{z}(t)$

bestimmt ist, und daß die Überführungsfunktion vom Input unabhängig ist. Automaten, bei denen der Zustand $z(t + 1)$ allein durch den Zustand $z(t)$ bestimmt ist, nennt man autonome Automaten. Nachdem die Uhr sämtliche 720 Zustände (= Zeigerstellungen) durchlaufen hat, erreicht sie nach 12 Stunden wieder den Ausgangszustand.

Allgemein gilt: Hat ein autonomer Automat nur endlich viele Zustände, so muß nach einer endlichen Zeit mindestens ein Zustand z, den der Automat schon angenommen hatte, wieder angenommen werden. Von diesem Zeitpunkt ab durchläuft er zyklisch die gleichen Zustände, die er durchlief, als er zum ersten Mal den Zustand z annahm. Am Beispiel der Uhr kann man sich das gut veranschaulichen. Nach jeweils 12 Stunden wiederholt sich der Ablauf.

1.5. Aufstieg und Abstieg

Eine Fußballmannschaft soll entweder in der Oberliga oder in einer der Ligastaffeln spielen können und so gut sein, daß sie, falls sie in der Liga spielt, nicht in eine noch niedrigere Klasse absteigt. Durch Auf- und Abstieg kann sich die Klassenzugehörigkeit der Mannschaft ändern. Die Zugehörigkeit zur Oberliga sei durch den Zustand z_O, die Zugehörigkeit zur Liga durch z_L beschrieben.

Ist über den Modus von Auf- und Abstieg nichts bekannt, so kann man nur angeben, daß der Folgezustand zu z_O entweder z_O oder z_L und zu z_L ebenso entweder z_O oder z_L ist. Bei dieser Kenntnissituation kann man Aufstieg und Abstieg nur durch ein (automatentheoretisches) Modell beschreiben, bei dem der Folgezustand eines Zustands einer gewissen Menge angehört, hier $\{z_O, z_L\}$, ansonsten aber vollständig unbestimmt oder indeterminiert ist. Die Angabe von Wahrscheinlichkeiten mit der Zustände Nachfolgezustände eines Zustands sind, erfordert eine gründlichere Kenntnis des Modells.

Die Oberliga umfaßt 14 Mannschaften, von denen jährlich zwei absteigen. In den beiden Ligastaffeln spielen insgesamt 32 Mannschaften, von denen jährlich 2 aufsteigen. Verfügt man nur über diese Kenntnis, so wird man annehmen, daß z_O mit der Wahrscheinlichkeit $\frac{6}{7}$ und z_L mit der Wahrscheinlichkeit $\frac{1}{7}$ Folgezustand zu z_O und z_O mit der Wahrscheinlichkeit $\frac{1}{16}$ und z_L mit der Wahrscheinlichkeit $\frac{15}{16}$ Folgezustand zu z_L sind. Zweckmäßig wird dieser Sachverhalt mit Hilfe einer Übergangstabelle beschrieben.

Tabelle 8

	z_0	z_L
z_0	$\frac{6}{7}$	$\frac{1}{7}$
z_L	$\frac{1}{16}$	$\frac{15}{16}$

Die Matrix

$$\mathfrak{U} = \begin{pmatrix} \frac{6}{7} & \frac{1}{7} \\ \frac{1}{16} & \frac{15}{16} \end{pmatrix},$$

deren Zeilensummen gleich 1 sind, heißt Übergangsmatrix. Es ist klar, daß sich das Modell bei detaillierterer Kenntnis über Spielstärke, Vorjahrsplazierung der Mannschaften der Wirklichkeit besser anpassen läßt, was aber hier nicht von Interesse ist. Wichtig ist, daß der Folgezustand eines Zustandes indeterminiert oder mit Wahrscheinlichkeit bestimmt sein kann.

1.6. Elektronenübergänge

Das Verhalten eines Elektrons wird quantentheoretisch durch die SCHRÖDINGER-Gleichung

$$i\hbar \frac{\partial}{\partial t} \varphi = \hat{\mathrm{H}} \varphi$$

beschrieben, wobei im hier interessierenden Fall der Operator $\hat{\mathrm{H}}$, der HAMILTON-Operator, die Form

$$\hat{\mathrm{H}} = \hat{\mathrm{H}}_0 + \mathrm{V}_i(t)$$

haben soll. Dabei sei $\hat{\mathrm{H}}_0$ nicht von der Zeit t abhängig. Für die als „klein" angenommene Störung $\mathrm{V}_i(t)$ soll

$$\mathrm{V}_i(t) = 0 \quad \text{für} \quad t < 0 \quad \text{und} \quad t > \tau$$

gelten. Das heißt, die zeitabhängige Störung V_i soll nur im endlichen Intervall $(0, \tau)$ wirksam sein.

Wie aus der theoretischen Physik bekannt ist, ist dann das Elektron für $t < 0$ und $t > \tau$ in einem der reinen stationären Zustände φ_n, die als Eigenfunktionen der zeitunabhängigen SCHRÖDINGER-Gleichung

$$\hat{\mathrm{H}}_0 \varphi_n = \mathrm{E}_n \varphi_n$$

bestimmt sind.

Befindet sich das Elektron für $t < 0$ im Zustand φ_k, so ist es für $t > \tau$ mit der Wahrscheinlichkeit w^i_{ke} durch die kleine Störung V_i in den Zustand φ_e überführt worden. Die Übergangswahrscheinlichkeit w^i_{ke} ist bei bekanntem φ_k, φ_e und $\mathrm{V}_i(t)$ direkt berechenbar, etwa nach den Methoden der zeitabhängigen quantenmechanischen Störungstheorie (vgl. z. B. [1]). Weitere quantenmechanische Einzelheiten interessieren hier nicht.

Für unterschiedliche in Betracht kommende Störungen V_i läßt sich das Verhalten durch Übergangstabellen be-

Tabelle 9

V_1	φ_1	φ_2	...	φ_n	...
φ_1	w^1_{11}	w^1_{12}	...	w^1_{1n}	...
φ_2	w^1_{21}	w^1_{22}	...	w^1_{2n}	...
⋮	⋮	⋮	⋮	⋮	⋮
φ_n	w^1_{n1}	w^1_{n2}	...	w^1_{nn}	...
.	.	.	...	.	...

V_2	φ_1	φ_2	...	φ_n	...
φ_1	w^2_{11}	w^2_{12}	...	w^2_{1n}	...
φ_2	w^2_{21}	w^2_{22}	...	w^2_{2n}	...
⋮	⋮	⋮	⋮	⋮	⋮
φ_n	w^2_{n1}	w^2_{n2}	...	w^2_{nn}	...
.	.	.	...	.	...

schreiben, von denen diejenigen für V_1 und für V_2 in Tab. 9 angegeben sind.

Es ist klar, daß für die entsprechenden Übergangsmatrizen $Ü^j$ gilt, daß ihre Zeilensummen 1 sind. Eine automatentheoretische Interpretation des Systems liegt auf der Hand. Sieht man die möglichen V_i als Inputs des Systems an, so wird der Zustand φ_k mit der Wahrscheinlichkeit w^i_{ke} in den Zustand φ_e überführt, die von den Zuständen und vom Input V_i abhängt. Für jeden möglichen Input ist eine eigene Überführungstabelle oder Überführungsmatrix erforderlich.

Als Output des Systems kann man irgendwelche interessierenden physikalischen Eigenschaften der Zustände φ_j, wie Energie, Drehimpuls, usw. ansehen.

1.7. *Frage und Antwort*

Wird einem Menschen eine Frage gestellt, so wird seine Antwort von der unmittelbar gestellten Frage abhängen. Von großem Einfluß auf die Antwort wird aber auch sein gegenwärtiger Zustand, dieser umfaßt seinen Bildungsgrad, seine Empfindungen, seine körperliche Verfassung usw. sein. Es sind dies alles Eigenschaften, die sich in der Vergangenheit herausbilden.

An dieser Stelle sei dem Leser empfohlen, darüber nachzudenken, ob er beabsichtigt, sich automatentheoretisch verstehen zu wollen.

2. Abstrakte Automaten

2.1. *Definitionen*

Wie jedes mathematische Modell naturwissenschaftlich-technischer Wirklichkeit hat sich das mathematische Modell „abstrakter Automat“, worauf schon der Name hinweist, durch Abstraktion bei Untersuchungen konkreter Systeme (Automaten) herausgebildet. Allen Automaten ist gemeinsam, daß zur Beschreibung ihres Verhaltens die Begriffe Input, Output, Zustand und diskrete Zeit wesentlich sind. Über den Zustand des Systems geht die Vorgeschichte in das gegenwärtige Verhalten ein.

Durch Input und Zustand im gegenwärtigen Zeitpunkt wird der Folgezustand im nachfolgenden Zeitpunkt bestimmt. Der Output im gegenwärtigen Zeitpunkt wird durch Input und Zustand im gegenwärtigen Zeitpunkt bestimmt. Um das Modell mathematisch zu präzisieren, wird zunächst einmal angegeben, aus welchen Mengen die Input-, Zustands- und Outputsymbole stammen.

Handelt es sich um endliche Mengen, so kann man ihre Elemente etwa einfach aufschreiben, wobei man diese Elemente in geschweifte Klammern einschließt. Soll z. B. u nur die Werte 0 und 1 annehmen, so schreibt man $u \in \{0, 1\}$. Will man, etwa bei einer allgemeinen Definition, die Menge nicht konkret festlegen, aber ausdrücken, daß x einer ganz bestimmten Menge X angehört, die prinzipiell bekannt ist, so schreibt man $x \in X$. In diesem Sinne vereinbart man, daß die Inputmenge X, die Outputmenge Y und die Zustandsmenge Z seien.

Wie schon ausgeführt, ist durch Zustand und Input der Automaten im gegenwärtigen Zeitpunkt der Nachfolgezustand im nachfolgenden Zeitpunkt bestimmt. Diesen Sachverhalt beschreibt man präziser durch den Begriff Abbildung.

Die hier interessierende Abbildung f, die auch Überführungsfunktion genannt wird, ordnet jedem Paar (x, z), $x \in X$, $z \in Z$ eindeutig ein Element $z' \in Z$ zu. Man sagt, daß f *auf* $X \times Z$, der Produktmenge von X und Z, erklärt sei und eine Abbildung dieser Produktmenge *in* Z beschreibe:

$$f: X \times Z \to Z.$$

Eine zweite Abbildung g, die auch Ergebnisfunktion genannt wird, ordnet jedem Paar (x, z), $x \in X$, $z \in Z$ eindeutig ein Element $y \in Y$ zu. g ist auf der Produktmenge von X und Z erklärt und beschreibt eine Abbildung dieser Menge auf Y:

$$g: X \times Z \to Y.$$

Mit ihrer Hilfe wird ausgedrückt, daß der Output des Automaten im gegenwärtigen Zeitpunkt durch Zustand und Input im gegenwärtigen Zeitpunkt bestimmt ist.

2.1.1. Definition des determinierten Automaten [*2, 3*]:

Ein determinierter abstrakter Automat $\mathcal{A}$ ist durch

$$(X, Y, Z, f, g)$$

definiert.

Dabei sind

X: eine Menge (von Inputsymbolen)

Y: eine Menge (von Outputsymbolen)

Z: eine Menge (von Zustandssymbolen)

$f: X \times Z \to Z$ eine Abbildung (die Überführungsfunktion)

$g: X \times Z \to Y$ eine Abbildung (die Ergebnisfunktion),

und es gilt:

$$z(t+1) = f\big(x(t), z(t)\big)$$
$$y(t) = g\big(x(t), z(t)\big),$$

wobei t eine diskrete Zeit ist und $x \in X$, $y \in Y$, $z \in Z$ sind. Ist noch ein Anfangs- oder Initialzustand $z(0) = z_0$ vorgegeben, so heißt der durch

$$(X, Y, Z, f, g, z_0)$$

definierte Automat initial.

Je nach der Beschaffenheit der Ergebnisfunktion unterscheidet man 3 Typen von abstrakten Automaten

a) MEALY-Automat

Ist die Ergebnisfunktion $g(x, z)$ von x und z abhängig, so heißt der abstrakte Automat MEALY-Automat.

b) MOORE-Automat

Gilt für die Ergebnisfunktion $g(x, z) = g(z)$, so heißt der Automat MOORE-Automat.

c) MEDWEDEV-Automat

Gilt für die Ergebnisfunktion $g = g(z)$ und vermittelt g eine eineindeutige Abbildung der Zustandsmenge Z auf Y, so heißt der Automat MEDWEDEV-Automat.

Da es sich wegen der eindeutigen Zuordnung zwischen Zustand und Output wesentlich nur um eine Umbezeichnung oder Markierung der Zustände handelt, kann man auch die Zustände unmittelbar als Output betrachten und die Ergebnisfunktion weglassen. Ein MEDWEDEV-Automat ist ein spezieller MOORE-Automat, ein MOORE-Automat ist ein spezieller MEALY-Automat.[1])

2.1.2. Definition des endlichen Automaten:

Sind die Mengen X, Y, Z alle endlich, so heißt der abstrakte Automat (X, Y, Z, f, g) endlich. Wir kommen nun zu Automaten, bei denen zufällige Prozesse eine Rolle spielen und die Wahrscheinlichkeitsautomaten genannt werden.

2.1.3. Definition des Wahrscheinlichkeitsautomaten [4, 5, 6]

Ein abstrakter Wahrscheinlichkeitsautomat $\tilde{\mathcal{A}}$ ist durch

$$\big(\mathrm{X}, \mathrm{Y}, \mathrm{Z}, \mu(\mathrm{z}', \mathrm{y}/\mathrm{z}, \mathrm{x})\big)$$

definiert. Dabei sind

X: eine Menge (von Inputsymbolen)

Y: eine Menge (von Outputsymbolen)

Z: eine Menge (von Zustandssymbolen)

$\mu(\mathrm{z}', \mathrm{y}/\mathrm{z}, \mathrm{x})$: Die Wahrscheinlichkeit, daß der Nachfolgezustand z′ zum Zustand z bei anliegendem Input x ist und daß im Zustand z bei anliegendem Input x der Output y auftritt.

Auch hier werden MOORE- und MEALY-Automaten unterschieden. Oftmals wird der Fall vorliegen, daß die Übergänge vom Zustand zum Folgezustand stochastisch

---

[1]) (An dieser Stelle sei auf den zunächst überraschenden Sachverhalt hingewiesen, daß sich zu jedem endlichen MEALY-Automaten ein endlicher äquivalenter MOORE-Automat mit dem gleichen Verhalten angeben läßt (vgl. z. B. [2]).)

sind, aber durch Zustand und Input der Output eindeutig festgelegt ist. Demgemäß definierte RABIN [7] einen Wahrscheinlichkeitsautomaten durch

$$\left(X, Y, Z, \mu(z'/z, x), g\right),$$

wobei $\mu(z'/z, x)$ die Wahrscheinlichkeit dafür ist, daß zu dem Zustand z bei anliegendem Input x der Nachfolgezustand z' ist.

$$g: X \times Z \to Y$$

ist wie im Falle des determinierten Automaten eine eindeutige Abbildung. Der Vollständigkeit halber weisen wir noch auf den indeterminierten Automaten hin.

Für den Folgezustand z' eines indeterminierten Automaten des Zustandes z bei gegebenen Input x ist nur bekannt, daß z' einer gewissen Untermenge $Z_{z,x} \subset Z$ entstammt

$$z' \in Z_{z,x} \subset Z.$$

2.2. *Darstellungen endlicher abstrakter Automaten*

Zunächst wenden wir uns Darstellungsmöglichkeiten determinierter Automaten zu. Da es sich um endliche Automaten handelt, Input-, Output- und Zustandsalphabet also endlich sind, ist es möglich, Überführungs- und Ergebnisfunktion in Tabellenform aufzuschreiben. Sei

$$X = \{x_1, x_2, \ldots, x_l\}, \quad Y = \{y_1, y_2, \ldots, y_m\},$$

$$Z = \{z_1, z_2, \ldots, z_n\}.$$

Die allgemeine Form der Tabellen für Überführungs- und Ergebnisfunktion ist in den Tab. 1 und 2 dargestellt. Ist der betrachtete Automat ein MOORE-Automat, so ist $g(x, z)$ nicht von x abhängig. Alle Zeilen von Tab. 2 sind gleich, so daß zur Charakterisierung der Ergebnis-

Tabelle 1

x \ z	z_1	z_2	…	z_n
x_1	$f(x_1, z_1)$	$f(x_1, z_2)$	…	$f(x_1, z_n)$
x_2	$f(x_2, z_1)$	$f(x_2, z_2)$	…	$f(x_2, z_n)$
⋮	⋮	⋮	⋮⋮⋮	⋮
x_l	$f(x_l, z_1)$	$f(x_l, z_2)$	…	$f(x_l, z_n)$

Überführungs-funktion

funktion eine einzige Zeile ausreichend ist. Liegt ein MEDWEDEV-Automat vor, so ist Tab. 2 überflüssig.

Manchmal vereinigt man die Tabellen von Überführungs- und Ergebnisfunktion zu einer einzigen Tabelle, indem man in das Feld, das dem Input x_i und

Tabelle 2

x \ z	z_1	z_2		z_n
x_1	$g(x_1, z_1)$	$g(x_1, z_2)$	…	$g(x_1, z_n)$
x_2	$g(x_2, z_1)$	$g(x_2, z_2)$	…	$g(x_2, z_n)$
⋮	⋮	⋮	⋮⋮⋮	⋮
x_l	$g(x_l, z_1)$	$g(x_l, z_2)$	…	$g(x_l, z_n)$

Ergebnisfunktion

dem Zustand z_j zugeordnet ist $f(x_i, z_j)$; $g(x_i, z_j)$ schreibt. Im Falle des MOORE-Automaten schreibt man $g(z_j)$ in das Feld der ersten Zeile, das mit z_j markiert ist.

Als Beispiel betrachten wir einen MEALY-Automaten mit $X = \{x_1, x_2\}$, $Y = \{y_1, y_2\}$, $Z = \{z_1, z_2, z_3, z_4\}$ und der Überführungsfunktion (Tab. 3)

Tabelle 3

x \ z	z_1	z_2	z_3	z_4
x_1	z_1	z_3	z_3	z_4
x_2	z_3	z_1	z_4	z_2

und der Ergebnisfunktion (Tab. 4)

Tabelle 4

x \ z	z_1	z_2	z_3	z_4
x_1	y_1	y_2	y_1	y_2
x_2	y_2	y_1	y_2	y_1

.

Ist der Initialzustand z(0), etwa $z(0) = z_2$, vorgegeben, so ist anhand der Tabellen für eine beliebige Inputfolge, z. B. $x_1x_1x_1x_2x_2x_1$, die Outputfolge des Automaten bestimmt. Das Verhalten des Automaten auf diese Inputfolge ist in Tab. 5 dargestellt.

Tabelle 5

t	0	1	2	3	4	5	6
x	x_1	x_1	x_1	x_2	x_2	x_1	
z	z_2	z_3	z_3	z_3	z_4	z_2	z_3
y	y_2	y_1	y_2	y_2	y_1	y_2	

Befindet sich der betrachtete Automat im Initialzustand $z(0) = z_2$, so reagiert er also mit der Outputfolge $y_2y_1y_2y_2y_1y_2$ auf die Inputfolge $x_1x_1x_1x_2x_2x_1$. Man spricht auch davon, daß der Automat eine Abbildung oder Kodierung der Inputfolge in die Outputfolge vermittele.

Eine weitere Darstellungsmöglichkeit ist in der Form des Automatengraphen gegeben. Man interpretiert die Zustände des Automaten als Knoten des Automatengraphen. (Wenn man den Graphen tatsächlich zeichnet, umschließt man die Zustandssymbole mit kleinen Kreisen.)

In jedem Knoten z_i „entspringen“ l gerichtete Kanten, die mit den Input-Symbolen $x_1, x_2, \ldots, x_l$ markiert sind.

Eine solche gerichtete Kante, die mit x_k markiert sei, „mündet" in den Knoten z_j genau dann, wenn $f(x_k, z_i) = z_j$ gilt. Der Zustand z_j ist genau dann durch eine gerichtete, mit x_k markierte Kante (von z_i nach z_j) verbunden, wenn z_i durch x_k in z_j überführt wird.

An der Einmündung einer mit x_k markierten Kante in den Knoten z_j wird außerdem der zu z_j und x_k gehörende Output $g(x_k, z_j)$ angegeben. Andere Vereinbarungen über die Art der Markierungen der gerichteten

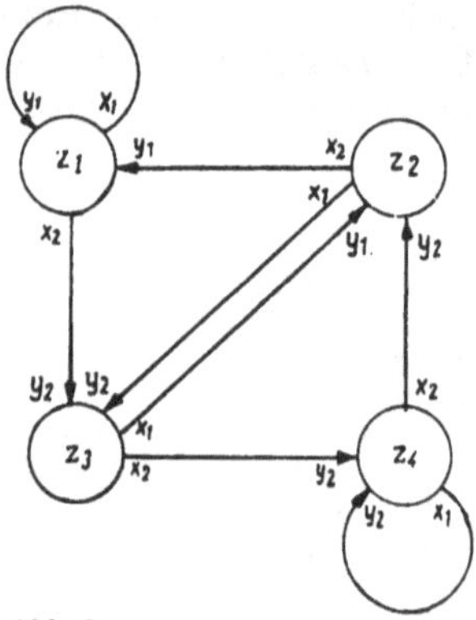

Abb. 6

Kanten sind möglich, z. B., daß man den Output $g(x_k, z_j)$ stets in Klammern einschließt.

Für den durch Tab. 3 und 4 beschriebenen Automaten ist der Automatengraph in Abb. 6 dargestellt.
Der Automatengraph hat 4 Knoten, da der Automat 4 Zustände hat. In jedem Knoten entspringen zwei durch die Inputsymbole x_1 und x_2 markierte gerichtete Kanten, die veranschaulichen, in welchen Zustand der Automat bei anliegendem Inputsymbol x_i überführt wird. Am Automatengraphen liest man unmittelbar ab, daß man diesen Automaten von einem beliebigen Initialzustand aus durch eine geeignete Inputfolge in jeden beliebigen

Folgezustand überführen kann. Man spricht auch davon, daß der betrachtete Automat stark zusammenhängend sei. Im Falle der linearen Automaten werden wir genauer darauf eingehen.

Eine Darstellungsmöglichkeit, die sich in natürlicher Weise zur Beschreibung von Wahrscheinlichkeitsautomaten erweitern läßt, kann man durch Zerlegung des Automatengraphen in Untergraphen erhalten.

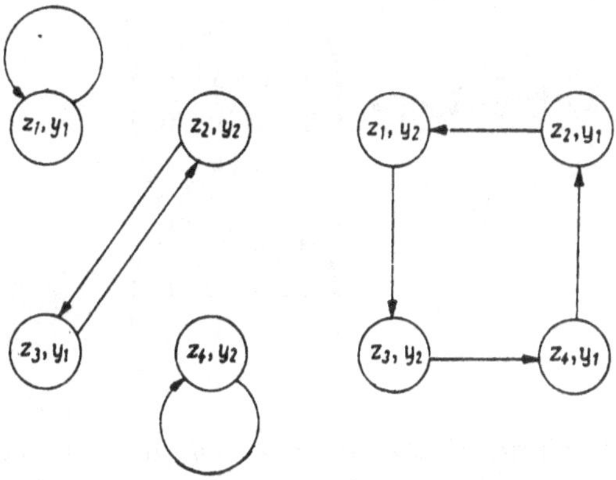

Abb. 7

Für jedes Inputsymbol x_i wird der Untergraph betrachtet, den man aus dem Automatengraphen dadurch erhält, indem man alle die Kanten entfernt, die mit x_k (für alle $k \neq i$) markiert sind. Da der Input x_i für jeden solchen Untergraphen fest vorgegeben ist, kann man den entsprechenden Output unmittelbar dem Zustand hinzufügen. Aus dem in Abb. 1 dargestellten Automatengraphen erhält man die beiden zu x_1 und x_2 gehörenden Untergraphen in Abb. 7.

Den zu x_k gehörenden Untergraphen kann man bis auf den Output durch seine Inzidenzmatrix $\hat{\mathbf{I}}(x_k)$ (vgl. z. B. [8,9]) beschreiben: Ist der Knoten z_i mit dem Knoten z_j durch eine gerichtete Kante von z_i nach z_j verbunden, so gilt für das Matrixelement $\hat{\mathbf{I}}(x_k)_{i,j} = 1$. Ist z_l mit dem Knoten z_m nicht durch eine Kante verbunden, so ist $\hat{\mathbf{I}}(x_k)_{lm} = 0$.

In jeder Spalte der Inzidenzmatrix $\hat{\mathbf{I}}(x_k)$ steht genau eine 1, da es zu jedem Zustand bei gegebenem Input genau einen Folgezustand gibt.

Für den durch Tab. 3 u. 4 beschriebenen Automaten erhält man die beiden Inzidenzmatrizen (vgl. auch Abb. 7)

$$\hat{\mathbf{I}}(x_1) = \begin{pmatrix} 1 & 0 & 0 & 0 \\ 0 & 0 & 1 & 0 \\ 0 & 1 & 0 & 0 \\ 0 & 0 & 0 & 1 \end{pmatrix}$$

$$\hat{\mathbf{I}}(x_2) = \begin{pmatrix} 0 & 0 & 1 & 0 \\ 1 & 0 & 0 & 0 \\ 0 & 0 & 0 & 1 \\ 0 & 1 & 0 & 0 \end{pmatrix}.$$

Zur eindeutigen Charakterisierung des Automaten ist noch die Ergebnisfunktion anzugeben.

Liegt ein Wahrscheinlichkeitsautomat vor, dann ist z_j bei dem Input x_k mit der Wahrscheinlichkeit $p_{ij}(x_k)$ Nachfolgezustand von z_i, wobei

$$\sum_j p_{ij} = 1$$

gilt.

Anstelle der Inzidenzmatrizen $\hat{\mathbf{I}}(x_k)$ kann man nun die Übergangsmatrizen $\hat{\mathbf{U}}(x_k)$ mit den Matrixelementen

$$\hat{\mathbf{U}}(x_k)_{ij} = p_{ij}(x_k)$$

zur Darstellung des Automaten benutzen.

Wie im determinierten Fall ist auch hier noch die Ergebnisfunktion des Automaten anzugeben.

Ist der Output nicht durch Zustand und Input determiniert bestimmt, sondern ist y_j mit der Wahrscheinlichkeit $q_{ij}(z_k)$ der Output im Zustand z_k bei anliegendem Input x_i, so sind zur Beschreibung des Automaten noch die Ergebnismatrizen $\mathbf{E}(z_k)$ mit den Matrixelementen

$$\mathbf{E}(z_k)_{ij} = q_{ij}(z_k)$$

erforderlich.

Zur Veranschaulichung der Überführungsfunktion initialer determinierter Automaten wird auch noch der Automatenbaum [10] herangezogen. Der Grad eines ausgezeichneten Knoten des Baumes, die sogenannte Wurzel, hat den Grad l, der Grad jedes anderen Knoten ist $l + 1$, wobei eine Kante in den Knoten einmündet und l Kanten entspringen. Die Höhe h eines Knoten dieses Baumes ist die Zahl von Kanten, die diesen Knoten mit der Wurzel verbindet. Die einem Knoten entspringenden l Kanten werden von links nach rechts mit $x_1, x_2, \ldots, x_l$ markiert. Jeder Knoten der Höhe h kann durch ein h-Tupel der Inputsymbole eindeutig beschrieben werden. Ordnet man der Wurzel den Initialzustand $z(0)$ zu, so ist jedem Knoten über das h-Tupel eindeutig ein Zustand z zugeordnet, nämlich der, in den der Initialzustand des Automaten durch das h-Tupel überführt wird. Der Automatenbaum ist zunächst unendlich. Da Z endlich ist, müssen sich die Zustände, die den Knoten zugeordnet sind, wiederholen. Man erhält einen endlichen Baum, indem man den Baum an einem Knoten abschneidet, wenn ihm ein Zustand zugeordnet ist, der auch schon einem Knoten mit niedrigerer Höhe zugeordnet war.

Für die Überführungsfunktion von Tab. 3 erhält man den in Abb. 8 dargestellten Automatenbaum, wenn man als Initialzustand $z(0) = z_2$ wählt.

In der Höhe $h = 1$ kann man den Baum an keiner Stelle abschneiden, da die Zustände z_1 und z_3 in der Höhe $h = 0$ nicht vorkommen. In der Höhe $h = 2$ kann man den Baum in 3 Knoten, nämlich in dem durch x_1, x_1; x_2, x_1; und x_2, x_2 charakterisierten Knoten abschneiden, da z_2

in der Höhe $h = 0$ und z_1, z_3 in der Höhe $h = 1$ vorkommen. In der Höhe $h = 3$ kann man den Baum in dem durch x_1, x_2, x_1 und x_1, x_2, x_2 charkterisierten Knoten abschneiden, da z_4 in der Höhe $h = 2$ und z_2 in der Höhe $h = 0$ vorkommen.

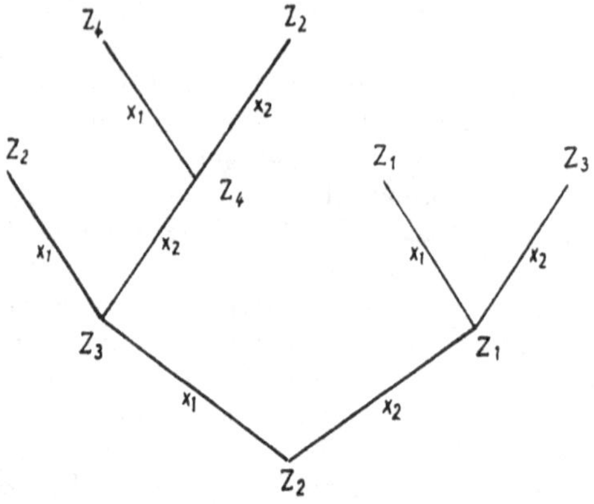

Abb. 8

Identifiziert man diejenigen Knoten des Baumes, denen die gleichen Zustände zugeordnet sind, so erhält man, natürlich bis auf die Outputsymbole, aus Abb. 8 die Abb. 6.

2.3. Isomorphie und Homomorphie

Wir gehen von den Moore-Automaten $\mathcal{A}_1$ und $\mathcal{A}_2$ aus, die in den Tab. 6 u. 7 dargestellt sind. Für $\mathcal{A}_1$ gilt

$$X^1 = \{x_1, x_2, x_3, x_4\}$$

$$Y^1 = \{y_1, y_2, y_3, y_4\}$$

$$Z^1 = \{z_1, z_2, z_3, z_4, z_5, z_6, z_7, z_8\}.$$

Die Überführung- und Ergebnisfunktion von $\mathcal{A}_1$ werden mit f_1 bzw. g_1 bezeichnet.

Tabelle 6

x \ z	z_1	z_2	z_3	z_4	z_5	z_6	z_7	z_8
	y_1	y_2	y_3	y_2	y_4	y_1	y_4	y_3
x_1	z_1	z_4	z_3	z_2	z_7	z_6	z_5	z_8
x_2	z_3	z_7	z_1	z_5	z_4	z_8	z_2	z_6
x_3	z_6	z_2	z_8	z_4	z_5	z_1	z_7	z_3
x_4	z_8	z_5	z_6	z_7	z_2	z_3	z_4	z_1

Tabelle 7

x \ z	0 0 0	1 0 0	0 1 0	0 0 1	1 1 0	1 0 1	0 1 1	1 1 1	
	0 0	0 1	1 0	0 1	1 1	0 0	1 1	1 0	} y
0 0	0 0 0	0 0 1	0 1 0	1 0 0	0 1 1	1 0 1	1 1 0	1 1 1	
0 1	0 1 0	0 1 1	0 0 0	1 1 0	0 0 1	1 1 1	1 0 0	1 0 1	
1 0	1 0 1	1 0 0	1 1 1	0 0 1	1 1 0	0 0 0	0 1 1	0 1 0	
1 1	1 1 1	1 1 0	1 0 1	0 1 1	1 0 0	0 1 0	0 0 1	0 0 0	

Für $\mathcal{A}_2$ gilt

$$X^2 = \left\{\begin{pmatrix}0\\0\end{pmatrix}, \begin{pmatrix}0\\1\end{pmatrix}, \begin{pmatrix}1\\0\end{pmatrix}, \begin{pmatrix}1\\1\end{pmatrix}\right\}$$

$$Y^2 = \left\{\begin{pmatrix}0\\0\end{pmatrix}, \begin{pmatrix}0\\1\end{pmatrix}, \begin{pmatrix}1\\0\end{pmatrix}, \begin{pmatrix}1\\1\end{pmatrix}\right\}$$

$$Z^2 = \left\{\begin{pmatrix}0\\0\\0\end{pmatrix}, \begin{pmatrix}0\\0\\1\end{pmatrix}, \begin{pmatrix}0\\1\\0\end{pmatrix}, \begin{pmatrix}1\\0\\0\end{pmatrix}, \begin{pmatrix}1\\1\\0\end{pmatrix}, \begin{pmatrix}1\\0\\1\end{pmatrix}, \begin{pmatrix}0\\1\\1\end{pmatrix}, \begin{pmatrix}1\\1\\1\end{pmatrix}\right\}$$

Die Überführungs- und Ergebnisfunktion von $\mathcal{A}_2$ werde mit f_2 bzw. g_2 bezeichnet.

Durch die drei Abbildungen P, Q, R mit

$$P : X^1 \to X^2;\quad x_1 \to \begin{pmatrix}0\\0\end{pmatrix}$$

$$x_2 \to \begin{pmatrix}0\\1\end{pmatrix}$$

$$x_3 \to \begin{pmatrix}1\\0\end{pmatrix}$$

$$x_4 \to \begin{pmatrix}1\\1\end{pmatrix},$$

$$Q : Y^1 \to Y^2;\quad y_1 \to \begin{pmatrix}0\\0\end{pmatrix}$$

$$y_2 \to \begin{pmatrix}0\\1\end{pmatrix}$$

$$y_3 \to \begin{pmatrix}1\\0\end{pmatrix}$$

$$y_4 \to \begin{pmatrix}1\\1\end{pmatrix}$$

$$R : Z^1 \to Z^2; \quad z_1 \to \begin{pmatrix} 0 \\ 0 \\ 0 \end{pmatrix}$$

$$z_2 \to \begin{pmatrix} 1 \\ 0 \\ 0 \end{pmatrix}$$

$$z_3 \to \begin{pmatrix} 0 \\ 1 \\ 0 \end{pmatrix}$$

$$z_4 \to \begin{pmatrix} 0 \\ 0 \\ 1 \end{pmatrix}$$

$$z_5 \to \begin{pmatrix} 1 \\ 1 \\ 0 \end{pmatrix}$$

$$z_6 \to \begin{pmatrix} 1 \\ 0 \\ 1 \end{pmatrix}$$

$$z_7 \to \begin{pmatrix} 0 \\ 1 \\ 1 \end{pmatrix}$$

$$z_8 \to \begin{pmatrix} 1 \\ 1 \\ 1 \end{pmatrix}$$

die umkehrbar eindeutig sind, wird Tab. 6 in Tab. 7 überführt.

Man kann das in der Form

$$R(f_1(\mathrm{x}, \mathrm{z})) = f_2(P(\mathrm{x}), R(\mathrm{z}))$$

$$Q(g_1(\mathrm{x}, \mathrm{z})) = g_2(P(\mathrm{x}), R(\mathrm{z}))$$

ausdrücken.

Die Automaten $\mathcal{A}_1$ und $\mathcal{A}_2$ unterscheiden sich, da man ihre Überführungs- und Ergebnisfunktionen durch eineindeutige Transformationen ineinander überführen kann, nur in den Bezeichnungen, nur in der Symbolik, mit deren Hilfe sie beschrieben werden.

Man kann es auch so ausdrücken, daß man sagt: „Eine Übersetzung" der Symbolik des Automaten $\mathcal{A}_1$ in die Symbolik von $\mathcal{A}_2$ hat zur Folge, daß die Übersetzung von $\mathcal{A}_1$ gleich $\mathcal{A}_2$ ist". $\mathcal{A}_1$ ist somit bis auf die „Sprache" gleich $\mathcal{A}_2$ (da die Transformationen P, Q, R eineindeutig sind). $\mathcal{A}_1$ und $\mathcal{A}_2$ nennt man isomorph.

Allgemein definiert man: Zwei Automaten $\mathcal{A}_1$ und $\mathcal{A}_2$, die durch die 5-Tupel $(\mathrm{X}_1, \mathrm{Y}_1, \mathrm{Z}_1, f_1, g_1)$ und $(\mathrm{X}_2, \mathrm{Y}_2, \mathrm{Z}_2, f_2, g_2)$ charakterisiert werden, heißen isomorph, wenn es drei umkehrbar eindeutige Abbildungen P, Q, R

$$P\colon \mathrm{X}_1 \to \mathrm{X}_2$$

$$Q\colon \mathrm{Y}_1 \to \mathrm{Y}_2$$

$$R\colon \mathrm{Z}_1 \to \mathrm{Z}_2$$

gibt, so daß

$$\begin{aligned} R(\mathrm{z}_1') &= R(f_1(\mathrm{x}_1, \mathrm{z}_1)) = f_2(P(\mathrm{x}_1), R(\mathrm{z}_1)) = \mathrm{z}_2' \\ Q(\mathrm{y}_1) &= Q(g_1(\mathrm{x}_1, \mathrm{z}_1)) = g_2(P(\mathrm{x}_1), R(\mathrm{z}_1)) = \mathrm{y}_2 \end{aligned} \tag{1}$$

für alle $\mathrm{x}_1 \in \mathrm{X}_1$, $\mathrm{y}_1 \in \mathrm{Y}_1$, $\mathrm{z}_1 \in \mathrm{Z}_1$ gilt.

Wir kommen nun zum Begriff der Homomorphie abstrakter Automaten. Während der Begriff der Isomorphie mehr zur sinnvollen Definition abstrakter Automaten erforderlich ist, spielt der Begriff der Homomorphie bei der Modellierung konkreter Systeme eine sehr wichtige Rolle. Wird es doch oftmals als Ziel angesehen, ein homomorphes Abbild der Wirklichkeit zu erhalten, das gewisse „wesentliche" Eigenschaften der Realität richtig beschreibt, aber nicht mit „unwesentlichen" Einzelheiten belastet ist.

Wir betrachten zunächst den durch Tab. 7 beschriebenen Automaten $\mathcal{A}_2$, der auch die Darstellung

$$\begin{aligned} \boldsymbol{z}(t+1) &= \begin{pmatrix} 0&0&1 \\ 0&1&0 \\ 1&0&0 \end{pmatrix} \cdot \boldsymbol{z}(t) + \begin{pmatrix} 1&0 \\ 0&1 \\ 1&0 \end{pmatrix} \cdot \boldsymbol{x}(t) \\ \boldsymbol{y}(t) &= \begin{pmatrix} 0&1&0 \\ 1&0&1 \end{pmatrix} \cdot \boldsymbol{z}(t) \end{aligned} \tag{2}$$

erlaubt. Dabei sind $\boldsymbol{x}$, $\boldsymbol{y}$, $\boldsymbol{z}$ zwei- bzw. dreidimensionale Binärvektoren. Sämtliche in (2) auftretenden Additionen sind modulo 2 zu verstehen. Die Darstellung (2) schreiben wir komponentenweise auf, wobei die Komponenten der Vektoren durch Indizes markiert sind. Es gilt

$$\begin{aligned} z_1(t+1) &= z_3(t) + x_1(t) && \text{(3a)} \\ z_2(t+1) &= z_2(t) + x_2(t) && \text{(3b)} \\ z_3(t+1) &= z_1(t) + x_1(t) && \text{(3c)} \\ y_1(t) &= z_2(t) && \text{(3d)} \\ y_2(t) &= z_1(t) + z_3(t) && \text{(3e)}, \end{aligned} \tag{3}$$

wobei, wie schon erwähnt, Summationen modulo 2 auszuführen sind.

Die Outputkomponente $y_1(t)$ ist allein durch $z_2(t)$ bestimmt. Die Zustandskomponente $z_2(t+1)$ ist nach (3b) allein durch $z_2(t)$ und $x_2(t)$ festgelegt.

Interessieren wir uns nur für $y_1(t)$, so sind in diesem Falle die Gleichungen (3a), (3c), (3e) unwesentlich. Die Gleichungen (3b) und (3d) beschreiben das zeitliche Verhalten von $y_1(t)$ $(t = 0, 1, 2, \ldots)$ vollständig.

Anstelle des gesamten durch (2) definierten Automaten, kann man, wenn man sich nur für y_1 interessiert, einen durch

$$\begin{aligned} z(t+1) &= z(t) + x(t) = f_3\big(z(t), x(t)\big) \\ y(t) &= z(t) = g_3(z\,(t)) \end{aligned} \tag{4}$$

definierten Automaten $\mathcal{A}_3$ betrachten. (Dabei ist $x_2 = x$, $y_1 = y$, $z_2 = z$ gesetzt worden.) Die Überführungs- und Ergebnisfunktion von $\mathcal{A}_3$ sind mit f_3 und g_3 bezeichnet. x, y, z nehmen die Werte 0 und 1 an. $\mathcal{A}_3$ kann auch durch Tab. 8 beschrieben werden, die mit der des $\mathcal{D}_T$-Flip-Flop übereinstimmt.

Tabelle 8

x \ z	0	1	} z_2
	0	1	} y_1
0	0	1	
1	1	0	

$\underbrace{\qquad}_{x_2}$

Interessiert man sich nur für die Größe $y_1(t)$, so genügt es, anstelle des Automaten $\mathcal{A}_2$ den wesentlich einfacheren Automaten $\mathcal{A}_3$ zu betrachten. $\mathcal{A}_3$ ist ein vereinfachtes Abbild von $\mathcal{A}_2$, das aber die interessierende Größe $y_1(t)$ richtig beschreibt, aber nicht mit der unwesentlichen Größe y_2 und den zu ihrer Beschreibung erforderlichen Komponenten des Zustandsvektors belastet ist. Die

Tab. 8 des Automaten $\mathcal{A}_3$ erhält man aus Tab. 7 des Automaten $\mathcal{A}_2$ durch die Transformation P', Q', R', die auf Input, Output und Zustände von $\mathcal{A}_2$ anzuwenden sind, mit

$$P': \quad \left.\begin{matrix} \begin{pmatrix} 0 \\ 1 \end{pmatrix} \\ \begin{pmatrix} 1 \\ 1 \end{pmatrix} \end{matrix}\right] \to 1 \qquad \left.\begin{matrix} \begin{pmatrix} 0 \\ 0 \end{pmatrix} \\ \begin{pmatrix} 1 \\ 0 \end{pmatrix} \end{matrix}\right] \to 0$$

$$Q': \quad \left.\begin{matrix} \begin{pmatrix} 0 \\ 0 \end{pmatrix} \\ \begin{pmatrix} 0 \\ 1 \end{pmatrix} \end{matrix}\right] \to 0 \qquad \left.\begin{matrix} \begin{pmatrix} 1 \\ 0 \end{pmatrix} \\ \begin{pmatrix} 1 \\ 1 \end{pmatrix} \end{matrix}\right] \to 1$$

$$R': \quad \left.\begin{matrix} \begin{pmatrix} 0 \\ 0 \\ 0 \end{pmatrix} \\ \begin{pmatrix} 0 \\ 0 \\ 1 \end{pmatrix} \\ \begin{pmatrix} 1 \\ 0 \\ 0 \end{pmatrix} \\ \begin{pmatrix} 1 \\ 0 \\ 1 \end{pmatrix} \end{matrix}\right] \to 0 \qquad \left.\begin{matrix} \begin{pmatrix} 0 \\ 1 \\ 0 \end{pmatrix} \\ \begin{pmatrix} 0 \\ 1 \\ 1 \end{pmatrix} \\ \begin{pmatrix} 1 \\ 1 \\ 0 \end{pmatrix} \\ \begin{pmatrix} 1 \\ 1 \\ 1 \end{pmatrix} \end{matrix}\right] \to 1,$$

wobei die Transformationen P', Q', R' nicht mehr eindeutig umkehrbar sind.

Es gilt

$$
\begin{aligned}
R'\big(f_2(\boldsymbol{x}, \boldsymbol{z})\big) &= f_3\big(P'(\boldsymbol{x})\, R'(\boldsymbol{z})\big) \\
Q'\big(g_2(\boldsymbol{x}, \boldsymbol{z})\big) &= g_3\big(P'(\boldsymbol{x}), R'(\boldsymbol{z})\big).
\end{aligned} \tag{4}
$$

Interessiert man sich nur für den Output $y_2(t)$ des Automaten $\mathcal{A}_2$, dann genügt es, von (3) nur die Gleichungen (3a) (3c) und (3e) zu berücksichtigen, die sich in der Form

$$
\begin{aligned}
\boldsymbol{z}^*(t+1) &= \begin{pmatrix} 01 \\ 10 \end{pmatrix} \boldsymbol{z}^*(t) + \begin{pmatrix} 1 \\ 1 \end{pmatrix} x(t) \\
y(t) &= (1\ 1)\, \boldsymbol{z}^*(t)
\end{aligned} \tag{5}
$$

aufschreiben lassen. Dabei ist $x_1 = x$, $y_2 = y$ und $\boldsymbol{z}^* = \binom{z_1}{z_3}$ gesetzt.

Den durch (5) bestimmten Automaten bezeichnen wir mit $\mathcal{A}_4$, seine Überführungs- und Ergebnisfunktion mit f_4 und g_4. $\mathcal{A}_4$ kann auch durch Tab. 9 charakterisiert werden.

Tabelle 9

x \ $\boldsymbol{z}^*$	0 0	0 1	1 0	1 1	$\binom{z_1}{z_3}$
	0	1	1	0	y_2
0	0 0	1 0	0 1	1 1	
1	1 1	0 1	1 0	0 0	
x_1					

Die Tab. 9 des Automaten $\mathcal{A}_4$ erhält man durch die Transformationen P'', Q'', R'' aus Tab. 7 des Automaten $\mathcal{A}_2$. P'', Q'', R'' sind auf Input, Output und Zustände anzuwenden:

$$P'': \quad \left.\begin{matrix}\begin{pmatrix}0\\0\end{pmatrix}\\[4pt]\begin{pmatrix}0\\1\end{pmatrix}\end{matrix}\right]\to 0; \qquad \left.\begin{matrix}\begin{pmatrix}1\\0\end{pmatrix}\\[4pt]\begin{pmatrix}1\\1\end{pmatrix}\end{matrix}\right]\to 1$$

$$Q'': \quad \left.\begin{matrix}\begin{pmatrix}0\\0\end{pmatrix}\\[4pt]\begin{pmatrix}1\\0\end{pmatrix}\end{matrix}\right]\to 0; \qquad \left.\begin{matrix}\begin{pmatrix}0\\1\end{pmatrix}\\[4pt]\begin{pmatrix}1\\1\end{pmatrix}\end{matrix}\right]\to 1$$

$$R'': \quad \left.\begin{matrix}\begin{pmatrix}0\\0\\0\end{pmatrix}\\[4pt]\begin{pmatrix}0\\1\\0\end{pmatrix}\end{matrix}\right]\to \begin{pmatrix}0\\0\end{pmatrix}; \qquad \left.\begin{matrix}\begin{pmatrix}0\\0\\1\end{pmatrix}\\[4pt]\begin{pmatrix}0\\1\\1\end{pmatrix}\end{matrix}\right]\to \begin{pmatrix}0\\1\end{pmatrix};$$

$$\left.\begin{matrix}\begin{pmatrix}0\\0\\1\end{pmatrix}\\[4pt]\begin{pmatrix}1\\0\\1\end{pmatrix}\end{matrix}\right]\to \begin{pmatrix}1\\0\end{pmatrix}; \qquad \left.\begin{matrix}\begin{pmatrix}1\\0\\1\end{pmatrix}\\[4pt]\begin{pmatrix}1\\1\\1\end{pmatrix}\end{matrix}\right]\to \begin{pmatrix}1\\1\end{pmatrix},$$

und es ist

$$\begin{aligned} R''\big(f_2(x, z)\big) &= f_4\big(P''(x), R''(z)\big) \\ Q''\big(g_2(x, z) &= g_4\big(P''(x), R''(z)\big) \end{aligned} \tag{6}$$

erfüllt. $\mathcal{A}_4$ ist ein vereinfachtes Modell von $\mathcal{A}_2$, das aber $y_2(t)$ exakt beschreibt.

Einen ganz besonders einfachen Automaten $\mathcal{A}_{\mathrm{I}}$ mit der Überführungs- und Ergebnisfunktion f_{I} und g_{I} erhält man aus $\mathcal{A}_1$ durch die Transformationen $P_{\mathrm{I}}, Q_{\mathrm{I}}, R_{\mathrm{I}}$

mit

P_{I}: $x_1, x_2, x_3, x_4 \to x_0$

Q_{I}: $y_1, y_2, y_3, y_4 \to y_0$

R_{I}: $z_1, z_2, z_3, z_4, z_5, z_6, z_7, z_8 \to z_0$.

Die Tab. 6 des Automaten $\mathcal{A}_1$ nimmt dann die in Tab. 10 dargestellte Form an.

x \ z	z_0
	y_0
x_0	z_0

Tabelle 10

Es ist klar, daß

$$
\begin{aligned}
R_{\mathrm{I}} f_1(\mathrm{x}, \mathrm{z}) &= f_{\mathrm{I}}\big(P_{\mathrm{I}}(\mathrm{x}), R_{\mathrm{I}}(z)\big) \\
Q_{\mathrm{I}}\big(g_1(\mathrm{x}, \mathrm{z})\big) &= g_{\mathrm{I}}\big(P_{\mathrm{I}}(\mathrm{x}), R_{\mathrm{I}}(\mathrm{z})\big)
\end{aligned} \tag{7}
$$

erfüllt ist. Der Automat $\mathcal{A}_{\mathrm{I}}$ hat aber eine so primitive Struktur, daß Besonderheiten des Automaten $\mathcal{A}_1$ von $\mathcal{A}_{\mathrm{I}}$ in keiner Weise mehr widergespiegelt werden.

Allgemein definiert man:

Seien $\mathcal{A}_1$ und $\mathcal{A}_2$ zwei durch die 5-Tupel $(X_1, Y_1, Z_1, f_1, g_1)$ und $(X_2, Y_2, Z_2, f_2, g_2)$ charakterisierte abstrakte Automaten, dann heißt $\mathcal{A}_2$ homomorphes Bild von $\mathcal{A}_1$, wenn es drei eindeutige (im allgemeinen nicht umkehrbar eindeutige) Abbildungen

$$P, Q, R \text{ mit}$$

$$P\colon \mathrm{X}_1 \to \mathrm{X}_2$$

$$Q\colon \mathrm{Y}_1 \to \mathrm{Y}_2$$

$$R\colon \mathrm{Z}_1 \to \mathrm{Z}_2$$

gibt, so daß

$$\begin{aligned} R(\mathrm{z}_1') &= R\big(f_1(\mathrm{x}_1, \mathrm{z}_1)\big) = f_2\big(P(\mathrm{x}_1), R(\mathrm{z}_1)\big) = \mathrm{z}_2' \\ Q(\mathrm{y}_1) &= Q\big(g_1(\mathrm{x}_1, \mathrm{z}_1)\big) = g_2\big(P(\mathrm{x}_1), R(\mathrm{z}_1)\big) = \mathrm{y}_2 \end{aligned} \tag{8}$$

gilt. Das homomorphe Bild eines Automaten ist allgemein detailärmer als der Automat selbst. Isomorphismus ist ein spezieller Homomorphismus.

2.4. Äquivalenz und Reduktion

Zur mathematischen Präzisierung des Äquivalenzbegriffes ist es zweckmäßig, zusätzlich zu den Input-Output- und Zustandsalphabeten X, Y, Z die „freien Halbgruppen" F(X), F(Y), F(Z) über diesen Alphabeten oder Mengen zu betrachten. Die Elemente der freien Halbgruppen F(X), F(Y), F(Z), die man auch als Wörter bezeichnet, sind alle endlichen Folgen aus Symbolen der Alphabete X bzw. Y, bzw. Z. Zu den Elementen dieser freien Halbgruppen gehört auch das Wort, das aus keinem Symbol besteht, das leere Wort Λ.

Für die Elemente einer freien Halbgruppe muß eine (assoziative) Verknüpfung mit Einselement erklärt sein, die nicht aus der Halbgruppe hinausführt. Sei $\mathrm{p}_i \in \mathrm{F}(\mathrm{X})$, $(i = 1, 2, \ldots)$, dann ist es möglich, aus p_i und p_j ein Wort

$p \in F(X)$ zu erhalten, indem man p_i und p_j aneinanderreiht, oder wie man sagt, verkettet. Man schreibt

$$p = p_i p_j .$$

Gilt z. B. $p_i = x_1 x_2 x_1 x_3 x_3$; $p_j = x_1 x_1 x_2$, so ist

$$p = x_1 x_2 x_1 x_3 x_3 x_1 x_1 x_2 .$$

Man sieht sofort, daß

$$(p_i p_j) p_k = p_i (p_j p_k) = p_i p_j p_k$$

und

$$\Lambda p = p \Lambda = p \quad \text{für alle } p \in F(X)$$

erfüllt sind. Λ hat die Funktion des Einselementes der Halbgruppe. Betrachten wir nun einen durch (X, Y, Z, f, g, z^0) charakterisierten initialen Automaten $\mathcal{A}$ mit dem Initialzustand z^0. Wirkt auf ihn die Inputfolge $x^1 x^2 x^3 \cdots x^n$ ein, so wird er vom Zustand z^0 aus die Zustände, $z^1 z^2 z^3 \cdots z^n$ durchlaufen und die Outputfolge $y^1 y^2 y^3 \cdots y^n$ ausgeben.

Es gilt

$$\begin{aligned}
z^1 &= f(x^1, z^0)\\
z^2 &= f(x^2, z^1) = f\bigl(x^2, f(x^1, z^0)\bigr)\\
z^3 &= f(x^3, z^2) = f\bigl(x^3, f(x_2, f(x^1, z^0))\bigr)\\
&\vdots\\
y^1 &= g(x^1, z^0)\\
y^2 &= g(x^2, z^1) = g\bigl(x^2, f(x^1, z^0)\bigr)\\
y^3 &= g(x^3, z^2) = g\bigl(x^3, f(x^2, f(x^1, z^0))\bigr)\\
&\vdots
\end{aligned} \tag{10}$$

Dem Inputwort $p = x^1 x^2 x^3 \cdots x^n$ wird durch $\mathcal{A}$ im Initialzustand z^0 das Outputwort $s = y^1 y^2 \cdots y^n$ und das Zustandswort $r = z^1 z^2 z^3 \cdots z^n$ zugeordnet. Der initiale Automat $\mathcal{A}$ vermittelt also 2 Abbildungen f_{z^0} und g_{z^0}

$$\begin{aligned} g_{z^0} &: F(X) \times Z \to F(Y) \\ f_{z^0} &: F(X) \times Z \to F(Z), \end{aligned} \tag{11}$$

die schrittweise durch (10) erklärt sind.

Allgemein definiert man [2]:
Ist $\mathcal{A}$ ein durch (X, Y, Z, f, g, z^0) charakterisierter initialer Automat, so heißt die Abbildung g_{z^0}, die jedem Inputwort $p \in F(X)$ eindeutig ein Outputwort $g_{z^0}(p) \in F(Y)$ zuordnet, die vom Zustand z^0 erzeugte Abbildung des Automaten $\mathcal{A}$. Die Menge aller paarweise verschiedenen Abbildungen heißt Abbildungsfamilie.

Zwei Eigenschaften, die für Automatenabbildungen charakteristisch sind, lassen sich sofort angeben. Als Länge $\lg(p)$ eines Wortes p bezeichnet man die Anzahl seiner Symbole. Für das leere Wort Λ gilt $\lg(\Lambda) = 0$. Es ist klar, daß

$$\lg(p) = \lg\big(g_{z^0}(p)\big) \tag{12}$$

erfüllt ist. Das Outputwort hat die gleiche Länge wie das Inputwort. Für

$$p_1, p_2 \in F(X) \quad \text{mit} \quad g_{z^0}(p_1) = q_1$$

erhält man

$$g_{z^0}(p_1 p_2) = q_1 s, \tag{13}$$

wobei s von p_1 und p_2 abhängt. (13) bedeutet einfach, daß die Abbildung des ersten Teiles eines Wortes nur durch diesen ersten Teil und nicht durch Teile des Wortes bestimmt ist, die später in den Automaten eingegeben werden. Abbildungen, für die (12) und (13) gelten, heißen sequentiell. Durch Automaten werden sequentielle Abbildungen vermittelt.

Ehe wir in unseren allgemeinen Überlegungen fortfahren, betrachten wir zunächst zwei einfache Automaten $\mathcal{A}_1$ und $\mathcal{A}_2$ mit ihren Abbildungsfamilien. Für $\mathcal{A}_1$ und $\mathcal{A}_2$ gelte $X_1 = X_2 = Y_1 = Y_2 = Z_1 = Z_2 = \{0, 1\}$. Die Überführungs- und Ergebnisfunktion f_1 und g_1 von $\mathcal{A}_1$ sind in Tab. 11 dargestellt.

Tabelle 11

$x \setminus z$	0	1
0	0	0
1	1	1

↑ z'

$x \setminus z$	0	1
0	0	1
1	1	0

↑ y

Explizit erhält man

$$\begin{aligned} z(t+1) &= x(t) \\ y(t) &= z(t) + x(t) \end{aligned} \tag{14}$$

und damit

$$\begin{aligned} y(0) &= z(0) + x(0) \\ y(t) &= x(t-1) + x(t) \qquad \text{für } t > 0, \end{aligned}$$

wobei die Additionen wieder modulo 2 zu verstehen sind. Die beiden möglichen Initialzustände des Automaten sind $z_1{}^0 = 0$ und $z_2{}^0 = 1$. Dementsprechend besteht die Abbildungsfamilie von $\mathcal{A}_1$ aus den beiden Abbildungen g_{10} und g_{11}.

Für ein beliebiges Wort $p \in F(X)$ der Länge n, d. h., $p = (x_1 x_2 x_3 \cdots x_n)$ mit $x_i \in X_i$ gilt dann

$$\begin{aligned} g_{10}(x_1 x_2 x_3 \cdots x_n) &= x_1 (x_1 + x_2)(x_2 + x_3) \cdots (x_{n-1} + x_n) \\ g_{11}(x_1 x_2 x_3 \cdots x_n) &= (1 + x_1)(x_1 + x_2)(x_2 + x_3) \cdots (x_{n-1} + x_n). \end{aligned}$$

Für den Moore-Automaten $\mathcal{A}_2$ sind Ergebnis- und Überführungsfunktion f_2 und g_2 in Tab. 12 dargestellt.

Tabelle 12

$x \backslash z$	0	1	
	0	1	} y
0	0	1	
1	1	0	

Es handelt sich wieder um das Trigger-Flip-Flop. Explizit gilt

$$\begin{aligned} z(t+1) &= z(t) + x(t) \\ y(t) &= z(t) \end{aligned} \tag{15}$$

und damit

$$\begin{aligned} y(0) &= z(0) \\ y(t) &= z(0) + \sum_{\tau=0}^{t-1} x(\tau) . \end{aligned} \tag{16}$$

Die beiden möglichen Initialzustände sind wieder $z_1{}^0 = 0$ und $z_2{}^0 = 1$.

Für die beiden Abbildungen g_{20} und g_{21} der Abbildungsfamilie von $\mathcal{A}_2$ gilt dementsprechend

$$g_{20}(x_1, x_2, x_3, \ldots, x_n)$$
$$= \left(0, x_1, (x_1 + x_2), (x_1 + x_2 + x_3), \ldots, \left(\sum_1^{n-1} x_i\right)\right),$$

$$g_{21}(x_1, x_2, x_3, \ldots, x_n)$$
$$= \left(1, (1 + x_1), (1 + x_1 + x_2), (1 + x_1 + x_2 + x_3), \right.$$
$$\left. \ldots, \left(1 + \sum_1^{n-1} x_i\right)\right),$$

woraus man

$$g_{20} = \bar{g}_{21}$$

abliest, wobei $\bar{g}$ die Negation von g ist.

Eine ähnlich einfache Darstellung der Abbildungen und Abbildungsfamilien ist nur in den seltensten Fällen möglich. Ein anderes Mittel zur Beschreibung von Automatenabbildungen stellt der „Ereigniskalkül" dar, auf den wir später eingehen. Wir fahren in den allgemeinen Überlegungen fort und definieren [2]: Automaten $\mathcal{A}_1$ und $\mathcal{A}_2$ mit gleichem Input und Outputalphabet X und Y heißen äquivalent, wenn sie die gleichen Abbildungsfamilien der Eingabehalbgruppe F(X) in die Ausgabehalbgruppe F(Y) haben. Initiale Automaten $\mathcal{A}_1$ und $\mathcal{A}_2$ mit den gleichen Input- und Outputalphabeten X, Y heißen initial äquivalent, wenn ihre Initialzustände die gleichen Abbildungen von F(X) in F(Y) erzeugen. Zwei Zustände eines Automaten, oder auch zwei Zustände zweier verschiedener Automaten mit dem gleichen Input- und Outputalphabet X und Y, heißen äquivalent, wenn sie die gleichen Abbildungen von F(X) in F(Y) erzeugen.

Die Äquivalenz ist also für Automaten — für Automaten, die sich in einem speziellen Initialzustand befinden —, und für Zustände ein und desselben Automaten erklärt. Es ist unmittelbar klar, daß zwei Automaten $\mathcal{A}_1$ und $\mathcal{A}_2$ mit den gleichen Input- und Outputalphabeten X und Y genau dann äquivalent sind, wenn es zu jedem Zustand von A_1 mindestens einen äquivalenten Zustand von $\mathcal{A}_2$ und zu jedem Zustand von $\mathcal{A}_2$ mindestens einen äquivalenten Zustand von $\mathcal{A}_1$ gibt. Wir wenden uns nun Beispielen zu.

In Tab. 3 u. 4 von Kapitel 1 wurde das Modell „Mausefalle ohne Berücksichtigung von Speck" und in Tab. 5 u. 6 das Modell „Mausefalle mit Berücksichtigung von Speck" beschrieben. Für das erste Modell war in 1.3. die explizite Form

$$\begin{aligned} z(t+1) &= z(t) + x(t) \cdot z(t) \\ y(t) &= x(t) \cdot z(t) \end{aligned} \tag{17}$$

und für das zweite Modell die Form

$$\begin{aligned} z_1(t+1) &= z_1(t) + x(t) \cdot z_1(t) + x(t) \cdot z_1(t) \cdot z_2(t) \\ z_2(t+1) &= z_2(t) + x(t) \cdot z_2(t) \\ y(t) &= x(t) \cdot z_2(t) \end{aligned} \tag{18}$$

abgeleitet worden. (17) läßt sich zu

$$\begin{aligned} z(t+1) &= z(t)\big(1 + x(t)\big) = z(t) \cdot \bar{x}(t) \\ y(t) &= x(t) \cdot z(t) \end{aligned}$$

umformen, woraus man unmittelbar

$$\begin{aligned} y(0) &= x(0) \cdot z(0) \\ y(1) &= x(1)\bar{x}(0)z(0) \\ y(2) &= x(2)\bar{x}(1)\bar{x}(0)z(0) \end{aligned}$$

abliest.

Die Abbildungsfamilie des durch (17) definierten Automaten besteht also aus den beiden zu den Initialzuständen 0 und 1 gehörenden Abbildungen

$$\begin{aligned} g_0(x^1x^2x^3\cdots x^n) &= (0\ 0\ 0\cdots 0) \\ g_1(x^1x^2x^3\cdots x^n) &= \big(x^1(x^2\bar{x}^1)(x^3\bar{x}^2\bar{x}^1)\cdots(x^n\bar{x}^{n-1}\cdots\bar{x}^1)\big). \end{aligned}$$

Aus (18) erhält man

$$\begin{aligned} y(0) &= x(0)z_2(0) \\ y(1) &= x(1)\bar{x}(0)z_2(0) \\ y(2) &= x(2)\bar{x}(1)\bar{x}(0)z_2(0) \end{aligned}$$

Die Abbildungsfamilie des durch (18) definierten Automaten besteht aus den beiden zu $\binom{0}{0}, \binom{1}{0}$ und $\binom{0}{1}, \binom{1}{1}$ gehörenden Abbildungen

$$g_{\binom{0}{0}} = g_{\binom{1}{0}} = g_0$$

$$g_{\binom{0}{1}} = g_{\binom{1}{1}} = g_1 .$$

Da die Abbildungsfamilie der durch (17) und (18) beschriebenen Automaten gleich sind, sind die Automaten äquivalent. Da zu den Zuständen $\binom{0}{0}$ und $\binom{1}{1}$ bzw. $\binom{0}{1}$ und $\binom{1}{1}$ die gleichen Abbildungen g_0 bzw. g_1 gehören, sind auch diese Zustände des durch (18) definierten Automaten äquivalent, und zu jedem Zustand 0 und 1 des durch (17) definierten Automaten läßt sich ein äquivalenter Zustand des durch (18) definierten Automaten angeben und umgekehrt.

$$0 \sim \binom{1}{0}, \binom{0}{0},$$

$$1 \sim \binom{1}{1}, \binom{0}{1}.$$

Wir vergleichen nun den durch Tab. 13 definierten MOORE-Automaten $\mathcal{A}_3$,

Tabelle 13

x \ z	0 0 0	0 0 1	0 1 0	1 0 0	0 1 1	1 0 1	1 1 0	1 1 1
} y	0	1	0	1	1	0	1	0
0	0 0 0	0 1 0	0 0 1	1 0 0	0 1 1	1 1 0	1 0 1	1 1 1
1	1 0 0	1 1 0	1 0 1	0 0 0	1 1 1	0 1 0	0 0 1	0 1 1

dessen explizite Form

$$\begin{aligned} z_1(t+1) &= z_1(t) + x(t) \\ z_2(t+1) &= z_3(t) \\ z_3(t+1) &= z_2(t) \\ y(t) &= z_1(t) + z_3(t) \end{aligned} \tag{19}$$

ist, mit dem Trigger-Flip-Flop (Tab. 12). Sei zunächst $z_2(0) = z_3(0)$, dann ändert sich $z_3(t)$ zeitlich nicht, und es gilt

$$\begin{aligned} y(0) &= z_1(0) + z_3(0) \\ y(t) &= z_1(0) + z_3(0) + \sum_{\tau=0}^{t-1} x(\tau). \end{aligned} \tag{20}$$

Aus (20) und (16) entnimmt man, daß die durch (15) und (19) beschriebenen Automaten für

$$\begin{aligned} z_1(0) + z_3(0) &= z(0) \\ z_3(0) &= z_2(0) \end{aligned}$$

bei beliebigen Inputfolgen gleiche Outputfolgen aufweisen, die Automaten $\mathcal{A}_2$ und $\mathcal{A}_3$ also initial äquivalent sind. Die Zustände

$$0 \sim \begin{pmatrix} 0 \\ 0 \\ 0 \end{pmatrix}, \begin{pmatrix} 1 \\ 1 \\ 1 \end{pmatrix}$$

$$1 \sim \begin{pmatrix} 0 \\ 1 \\ 1 \end{pmatrix}, \begin{pmatrix} 1 \\ 0 \\ 0 \end{pmatrix}$$

sind die äquivalenten Zustände. Daß es zu den Zuständen $\begin{pmatrix} 0 \\ 1 \\ 0 \end{pmatrix}, \begin{pmatrix} 0 \\ 0 \\ 1 \end{pmatrix}, \begin{pmatrix} 1 \\ 1 \\ 0 \end{pmatrix}, \begin{pmatrix} 1 \\ 0 \\ 1 \end{pmatrix}$ des Automaten $\mathcal{A}_3$ keine äquivalenten Zustände des Automaten $\mathcal{A}_2$ gibt, sieht man, indem man etwa die Inputfolge 000 ··· 0 wählt und sich überzeugt, daß sich in diesem Fall die Outputfolgen des Automaten $\mathcal{A}_2$ von denen des Automaten $\mathcal{A}_3$ unterscheiden, unabhängig ob man als Initialzustand von $\mathcal{A}_2$ 1 oder 0 wählt. $\mathcal{A}_2$ und $\mathcal{A}_3$ sind initial äquivalent, aber nicht äquivalent.

Nach Klärung des Begriffes Äquivalenz wenden wir uns nun einem Minimierungsproblem zu, das darin besteht, zu einem gegebenen Automaten $\mathcal{A}$ einen äquivalenten Automaten $\mathcal{A}_m$ mit minimaler Zustandszahl zu bestimmen. Die Bestimmung von $\mathcal{A}_m$ nennt man auch Reduktion von $\mathcal{A}$. Es ist klar, daß $\mathcal{A}_m$ keine paarweise äquivalenten Zustände besitzt. Besäße nämlich $\mathcal{A}_m$ zueinander äquivalente Zustände, so könnte man einen dieser Zustände streichen, ohne die Abbildungsfamilie von $\mathcal{A}_m$ zu ändern. Der durch Streichen eines solchen Zustandes aus $\mathcal{A}_m$ entstehende Automat $\mathcal{A}_m'$ wäre zu $\mathcal{A}_m$ äquivalent und hätte einen Zustand weniger als $\mathcal{A}_m$. $\mathcal{A}_m$ wäre dann nicht minimal. Sind andererseits alle Zustände eines Automaten paarweise inäquivalent, so kann man die Anzahl der Zustände nicht vermindern, ohne die Abbildungsfamilie des Automaten zu verändern. Ein Automat ist genau dann minimal oder reduziert, wenn alle seine Zustände paarweise inäquivalent sind.

Ist ein durch (X, Y, Z, f, g) gegebener Automat $\mathcal{A}$ zu reduzieren, so geht man so vor, daß man die Klassen der zueinander äquivalenten Zustände bestimmt und anstelle der alten Zustände die Klassen äquivalenter Zustände als neue Zustände betrachtet. Zur Ermittlung der Klassen zueinander äquivalenter Zustände wird der Begriff der i-Äquivalenz zweier Zustände benötigt. Sei $\mathcal{A}$ zunächst ein MEALY-Automat.

Zwei Zustände z_1, $z_2 \in Z$ heißen 1-äquivalent, wenn

$$g(x, z_1) = g(x, z_2) \tag{21}$$

für alle $x \in X$ gilt. Das bedeutet, daß z_1 und z_2 durch ein einziges beliebiges Inputsymbol anhand des Outputs von $\mathcal{A}$

nicht unterschieden werden können. Durch (21) wird eine Klasseneinteilung aller Zustände in die Klassen der 1-äquivalenten Zustände vermittelt. Sind z_1 und z_2 1-äquivalent, und sind ihre Folgezustände $f(x, z_1)$ und $f(x, z_2)$ für alle $x \in X$ 1-äquivalent, so heißen z_1 und z_2 2-äquivalent. Sind z_1 und z_2 2-äquivalent, so kann man sie durch ein beliebiges Inputwort der Länge 2 nicht voneinander unterscheiden, da z_1 und z_2 und ebenfalls ihre Folgezustände 1-äquivalent sind. Sind z_1 und z_2 2-äquivalent und sind ihre Folgezustände $f(x, z_1)$ und $f(x, z_2)$ für alle $x \in X$ 2-äquivalent, so sind z_1 und z_2 3-äquivalent usw. Sind z_1 und z_2 3-äquivalent, so sind ihre Folgezustände $f(x, z_1)$ und $f(x, z_2)$ 2-äquivalent und die Folgezustände der Folgezustände $f(x, f(x, z_1))$, $f(x, f(x, z_2))$ 1-äquivalent für alle $x, x \in X$. Da Zustände, die 3- bzw. 2-äquivalent sind, auch notwendig 1-äquivalent sind, kann man 3-äquivalente Zustände durch ein beliebiges Inputwort der Länge 3 anhand des Outputs von $\mathcal{A}$ nicht voneinander unterscheiden. i-äquivalente Zustände sind durch ein beliebiges Inputwort der Länge l kleiner gleich i nicht voneinander unterscheidbar. Da $i + 1$ äquivalente Zustände notwendig i-äquivalent sind, wird durch die Bestimmung der 1, 2, 3...-äquivalenten Zustände die Klasseneinteilung der Zustände verfeinert.

Ist der Automat $\mathcal{A}$ endlich, so hat er endlich viele Zustände und der Prozeß der Verfeinerung der Klasseneinteilung der Zustände bricht nach endlich vielen Schritten ab. Erreicht man von einem bestimmten $i + 1$ ab keine weitere Verfeinerung der betrachteten Klasseneinteilung, so ist die endgültige Klasseneinteilung erreicht. Zwei Zustände, die i- und gleichzeitig $(i + 1)$-äquivalent sind, sind auch notwendig $(i + 2)$-äquivalent.

Um bei der Reduktion eines Moore-Automaten wieder einen Moore-Automaten zu erhalten, ist es erforderlich, mit der Zerlegung von Z in 0-äquivalente Zustände zu beginnen. Ist $\mathcal{A}$ ein Moore-Automat, so heißen zwei Zustände 0-äquivalent, wenn ihnen der gleiche Output zugeordnet ist. Entsprechend heißen die Zustände z_1 und z_2

1-äquivalent, wenn ihre Folgezustände $f(x, z_1)$ und $f(x, z_2)$ für alle $x \in X$ 0-äquivalent sind usw.

Als erstes Beispiel betrachten wir den durch Tab. 11 definierten MEALY-Automaten. Er besitzt keine 1-äquivalenten Zustände und ist deshalb notwendig reduziert.

Als nächstes Beispiel untersuchen wir das in den Tab. 5 u. 6 von Kapitel 1 dargestellte Modell „Mausefalle mit Speck". Es handelt sich wieder um einen MEALY-Automaten. Anhand von Tab. 6 erkennt man, daß die Zustände 00 und 10 ebenso wie 01 und 11 1-äquivalent sind. Ersetzen wir in Tab. 5 die Zustände 00 und 10 durch K_1^1 und 01 und 11 durch K_2^1, so geht sie in Tab. 14 über.

Tabelle 14

x \ z	K_1^1	K_2^1	K_1^1	K_2^1
	00	01	10	11
1	K_1^1	K_1^1	K_1^1	K_1^1
0	K_1^1	K_2^1	K_1^1	K_2^1

Da die Zustände von K_1^1 für $x = 1$ und $x = 0$ wieder in Zustände von K_1^1 übergehen und da die Zustände von K_2^1 für $x = 1$ in Zustände von K_1^1 und für $x = 0$ in Zustände von K_2^1 übergehen, sind die Zustände 00 und 10 ebenso wie 01 und 11 auch 2-äquivalent. Da diese Zustände auch 1-äquivalent sind, ist die endgültige Klasseneinteilung erreicht. Wird noch K_1^1 mit 0 und K_2^1 mit 1 bezeichnet, so erhält man die in Tab. 15 u. 16 dargestellten Überführungs- und Ergebnisfunktionen des reduzierten Automaten.

Als letztes Beispiel betrachten wir den durch Tab. 17 gegebenen MOORE-Automaten mit $X = \{0, 1\}$, $Y = \{0, 1\}$ $Z = \{1\ 2, 3, 4, 5, 6\}$.

Die 0-äquivalenten Zustände sind $K_1^0 = \{1, 2, 3\}$ und $K_2^0 = \{4, 5, 6\}$. Anhand von Tab. 18 erkennt man, daß

x \ z	0	1
1	0	0
0	0	1

Tabelle 15

x \ z	0	1
1	0	1
0	0	0

Tabelle 16

Tabelle 17

x \ z	1	2	3	4	5	6
y	0	0	0	1	1	1
0	2	1	4	3	1	1
1	3	3	5	2	6	5

Tabelle 18

x \ z	K_1^0	K_1^0	K_1^0	K_2^0	K_2^0	K_2^0
	1	2	3	4	5	6
0	K_1^0	K_1^0	K_2^0	K_1^0	K_1^0	K_1^0
1	K_1^0	K_1^0	K_2^0	K_1^0	K_2^0	K_2^0

die 0-äquivalenten Zustände 1, 2 und 5, 6 wieder in 0-äquivalente Zustände bei beliebigem Input $x = 1$, $x = 0$ überführt werden.

Die Zustände 1, 2 und 5, 6 sind 1-äquivalent, ebenso, wie die Zustände 3 und 4 nur zu sich selbst 1-äquivalent sind $K_1^1 = \{1, 2\}$, $K_2^1 = 3$, $K_3^1 = 4$, $K_4^1 = \{5, 6\}$.

Anhand von Tab. 19 erkennt man, daß 1-äquivalente Zustände wieder in 1-äquivalente Zustände überführt werden und also auch 2-äquivalent sind.

Damit ist die endgültige Klasseneinteilung erreicht. Wenn man die 4 Klassen äquivalenter Zustände mit 1′, 2′, 3′, 4′ bezeichnet, erhält man die in Tab. 20 dargestellte reduzierte Form des durch Tab. 17 definierten Automaten.

Tabelle 19

x \ z	K_1^1	K_1^1	K_2^1	K_3^1	K_4^1	K_4^1
	1	2	3	4	5	6
0	K_1^1	K_1^1	K_3^1	K_2^1	K_1^1	K_1^1
1	K_2^1	K_2^1	K_4^1	K_1^1	K_4^1	K_4^1

Tabelle 20

x \ z	1′	2′	3′	4′	
	0	0	1	1	} y
0	1′	3′	2′	1′	
1	2′	4′	1′	4′	

2.5. *Ereigniskalkül*

Der Einfachheit halber nehmen wir an, daß In- und Output der betrachteten initialen Automaten nur 0 und 1 seien, d. h., daß $X = Y = \{0, 1\}$ gilt. Als Beispiel wählen wir den durch Tab. 22 beschriebenen MOORE-Automaten mit $Z = \{z_1, z_2, z_3, z_4\}$ mit dem Initialzustand $z(0) = z_1$.

Tabelle 22

$x \setminus z$	z_1	z_2	z_3	z_4
y	0	0	1	1
0	z_1	z_3	z_2	z_1
1	z_2	z_4	z_1	z_4

Ziel der folgenden Betrachtungen ist es, zu einer geschlossenen Darstellung des Input-Output-Verhaltens zu kommen, in der die Zustände nicht mehr explizit vorkommen. Die angestrebte Beschreibungsweise wird Ereigniskalkül genannt. Der Inputfolge $x(0), x(1), \ldots, x(n)$ ist bei einem MEALY-Automaten die Outputfolge $y(0), y(1), \ldots, y(n)$, bei einem MOORE-Automaten zweckmäßig $y(1), y(2), \ldots, y(n+1)$ zugeordnet. Von der Länge n gibt es 2^n verschiedene Inputfolgen.

Interessierte man sich nur für das Outputverhalten eines initialen Automaten bei Inputfolgen mit einer maximalen Länge N, so wäre es prinzipiell möglich das Input-Output-Verhalten durch ein „Wörterbuch" zu beschreiben, in der zu jeder der

$$\sum_{i=1}^{N} 2^i$$

Inputfolgen die zugehörige Outputfolge verzeichnet wäre. Jede durch einen abstrakten Automaten vermittelte Abbildung ist aber sequentiell.

Anstatt zu jeder Inputfolge die zugehörige vollständige Outputfolge anzugeben genügt es daher, das letzte Outputsymbol dieser Folge zu notieren. So ist z. B. die Outputfolge, die der Inputfolge 0 1 0 1 1 zuzuordnen ist, durch die letzten Symbole der den Folgen 0, 01, 010, 0101, 01011 zugeordneten Outputfolgen 0, 0, 1, 0, 0 zu 00100 bestimmt. Ist, wie hier angenommen, $Y = \{0, 1\}$, so genügt es sogar, diejenigen Inputfolgen anzugeben, denen eine Outputfolge mit dem letzten Symbol 1 zugeordnet ist. Jede solche Inputfolge wird als ein „Ereignis 1" oder auch kurz „Ereignis" bezeichnet.

Um in einer geschlossenen Form alle Ereignisse eines initialen Automaten aufschreiben zu können, benötigen wir 3 für Mengen erklärte Operationen: Disjunktion, Produkt und Iteration. Die Elemente der Mengen sind Wörter über einem Alphabet, hier über dem Inputalphabet $X = \{0\ 1\}$.

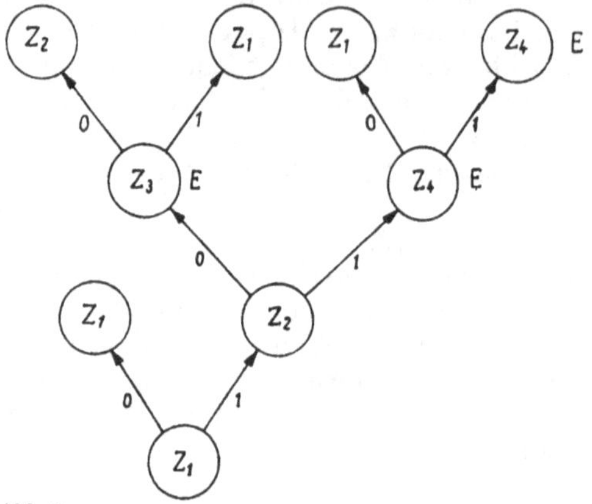

Abb. 9

Unter der Disjunktion $(M_1 \vee M_2)$ der Mengen M_1 und M_2 versteht man alle die Wörter, die entweder zu M_1 oder zu M_2 gehören. Unter dem Produkt (= Verkettung) $M_1 \cdot M_2$ der Mengen M_1 und M_2 versteht man alle Wörter $p_1 p_2$ mit $p_1 \in M_1$ und $p_2 \in M_2$. (Gilt z. B. $M_1 = \{00, 01\}$, $M_2 = \{0, 111\}$, so ist $M_1 \cdot M_2 = \{000, 00111, 010, 01111\}$). Unter der Iteration $\langle M \rangle$ einer Menge M versteht man die Menge, die das leere Wort Λ, M, $M \cdot M = M^2$, $M \cdot M \cdot M = M^3$, ... enthält. Für $\langle M \rangle$ gilt also

$$\langle M \rangle = \Lambda \vee M \vee M^2 \vee M^3 \vee \ldots .$$

Ist $M \neq \{\emptyset\}$, d. h., ist M nicht leer, dann enthält $\langle M \rangle$ unendlich viele Elemente.

Einen Überblick über alle Ereignisse kann man sich am einfachsten an der Baumdarstellung des Automaten verschaffen. Abb. 9 zeigt die Baumdarstellung des durch Tab. 22 definierten Automaten.

Diejenigen Zustände, die den Output 1 zur Folge haben, sind durch E gekennzeichnet.

Anhand des Automatenbaumes notieren wir zunächst alle die Inputfolgen, die vom Initialzustand z_1 aus unmittelbar zu einem mit E markierten Zustand im Automatenbaum führen. Dabei geben wir den Initialzustand und die Zwischenzustände mit an, die bei Überführung des Initialzustandes durch die entsprechende Inputfolge in einem mit E markierten Zustand sukzessiv angenommen werden.

Für das betrachtete Beispiel erhält man

$$\begin{array}{l} z_1\ 1\ z_2\ 0 \\ z_1\ 1\ z_2\ 1 \\ z_1\ 1\ z_2\ 1\ z_4\ 1\,. \end{array} \tag{22}$$

Außerdem sind alle die Folgen zu ermitteln, die die Zustände z_i wieder in die Zustände z_i überführen. Alle wiederholungsfreien Zyklen erhält man, wenn man die Zustände z_i als Ausgangspunkte oder Wurzeln eines Teilbaumes des Automatenbaumes auffaßt und die Folgen anhand dieses Teilbaumes bestimmt, die z_i in die mit z_i markierten Knoten des Teilbaumes überführen.

Nach Abb. 9 erhält man

$$\begin{array}{ll} z_1\colon & 0 \\ & 1\ z_2\ 0\ z_3\ 1 \\ & 1\ z_2\ 1\ z_4\ 0, \\ z_2\colon & 0\ z_3\ 0, \\ z_3\colon & \Lambda \\ z_4\colon & 1. \end{array} \tag{23}$$

Es ist klar, daß dann auch

$$\langle 0\rangle \vee \langle 1\ z_2\ 0\ z_3\ 1\rangle \vee \langle 1\ z_2\ 1\ z_4\ 0\rangle$$

z_1 in z_1, $\langle 0\ z_3\ 0\rangle\ z_2$ in z_2, $\langle \Lambda\rangle\ z_3$ in z_3 und $\langle 1\rangle\ z_4$ in z_4 überführen. Aus den wiederholungsfreien Zyklen erhält man durch Iteration alle möglichen Zyklen.

Ersetzt man in 22 die Zustände z_i durch die Folgen, die z_i in z_i überführen, so ergibt sich

$$z_1\ 1\ z_2\ 0 \rightarrow (\langle 0\rangle \vee \langle 1\ z_2\ 0\ z_3\ 1\rangle \vee \langle 1\ z_2\ 1\ z_4\ 0\rangle)\ 1\ z_2\ 0$$

$$\rightarrow (\langle 0\rangle \vee \langle 1\ \langle 0\ z_3\ 0\rangle\ 0\ z_3\ 1\rangle \vee \langle 1\ \langle 0\ z_3\ 0\rangle\ 1\ z_4\ 0\rangle)\ 1\langle 0\ z_3\ 0\rangle\ 0$$

$$\rightarrow (\langle 0\rangle \vee \langle 1\ \langle 00\rangle\ 01\rangle \vee \langle 1\ \langle 00\rangle\ 1\ \langle 1\rangle\ 0\rangle)\ 1\langle 00\rangle\ 0,$$

$$z_1\ 1\ z_2\ 1 \rightarrow (\langle 0\rangle \vee \langle 1\ \langle 00\rangle\ 01\rangle \vee \langle 1\ \langle 00\rangle\ 1\ \langle 1\rangle\ 0\rangle)\ 1\ \langle 00\rangle\ 1$$

und $z_1\ 1\ z_2\ 1\ z_4\ 1 \rightarrow$

$$(\langle 0\rangle \vee \langle 1\ \langle 00\rangle\ 01\rangle \vee \langle 1\ \langle 00\rangle\ 1\ \langle 1\rangle\ 0\rangle)\ 1\ \langle 00\rangle\ 1\ \langle 1\rangle\ 1\,.$$

Der durch Tab. 22 definierte Automat mit dem Initialzustand $z(0) = z_1$ wird somit durch das Ereignis

$$E = (\langle 0\rangle \vee \langle 1\ \langle 00\rangle\ 01\rangle \vee \langle 1\ \langle 00\rangle\ 1\ \langle 1\rangle\ 0\rangle)\ 1\ \langle 00\rangle \times \{0 \vee 1 \vee 1\ \langle 1\rangle\ 1\} \qquad (24)$$

beschrieben.

(24) ist die angestrebte zustandsfreie Beschreibung der Abbildung des durch Tab. 22 charakterisierten Automaten mit dem Initialzustand z_1 im Ereigniskalkül. Ersetzt man alle Iterationen in (24) durch Λ, so erhält man

$$E' = 1\ \{0 \vee 1 \vee 11\}\,.$$

Durch E′ werden die Inputfolgen charakterisiert, die z_1 unmittelbar, ohne „Umwege", in einen mit E markierten Zustand überführen. (24) stellt einen Ausdruck über dem Alphabet 0, 1 mit den Operationen Disjunktion, Produkt und Iteration dar. Ausdrücke dieser Art, in denen endlich viele Disjunktionen, Produkte und Iterationen vorkommen, heißen reguläre Ausdrücke. Abbildungen, die durch endliche Automaten vermittelt werden, werden im Ereigniskalkül durch reguläre Ereignisse beschrieben. Die Ermittlung der zu einem etwa in Tabellenform gegebenen Automaten gehörenden Ereignisse geschieht in der anhand des Beispiels betrachteten Weise. Auch die Umkehrung gilt. Zu jedem regulären Ereignis gibt es einen endlichen Automaten, dessen Abbildung, im Ereigniskalkül geschrieben, mit dem vorgegebenen Ereignis übereinstimmt (vgl. [2, 11, 12]).

2.6. Realisierungen durch Flip-Flop-Elemente

In diesem Abschnitt untersuchen wir, wie man einen durch (X, Y, Z, *f*, *g*) charakterisierten Automaten $\mathcal{A}$ mit Speicherelementen und logischen Bauelementen realisieren kann. Als Speicherelemente sollen *D*-Flip-Flop und Trigger-Flip-Flop verwendet werden, die jeweils nur die Zustände 0 und 1 annehmen können. In- und Output sind ebenfalls entweder 0 oder 1. In Tab. 23 sind ihre Automatentafeln dargestellt.

Tabelle 23

x \ z	0	1	
	0	1	} y
0	0	0	
1	1	1	

D-Flip-Flop

x \ z	0	1	
	0	1	} y
0	0	1	
1	1	0	

T-Flip-Flop

Aus Tab. 23 entnimmt man, daß jeder Zustand (0 oder 1) durch ein Inputsymbol unmittelbar in jeden Zustand überführt werden kann. Es handelt sich um MOORE- bzw. sogar um MEDWEDEV-Automaten. Abb. 10 zeigt die Schaltbilder der Flip-Flops.

Beide Flip-Flops unterscheiden sich jeweils in einer Rückführung über eine Antivalenzstufe voneinander.

Ziel der weiteren Betrachtungen ist es, anzugeben, wie man aus diesen elementaren Automaten „Flip-Flop", Automaten mit vorgegebenem Input-Outputverhalten synthetisieren kann. Da Input, Output und Zustand der Flip-Flops binär sind, ist es erforderlich, daß Input,

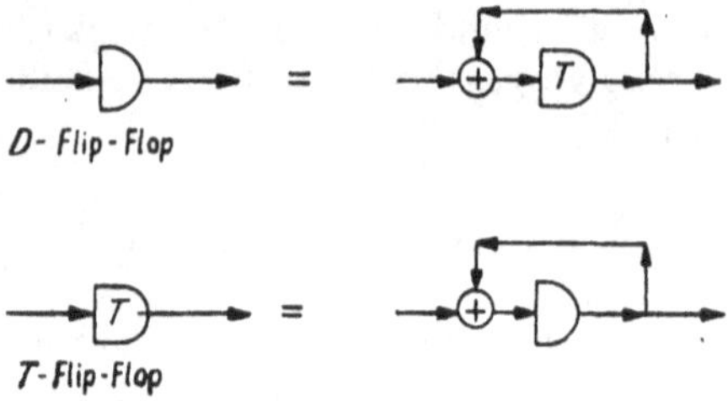

Abb. 10

Output und Zustände des zu realisierenden Automaten ebenfalls in binärer Form vorliegen. Ist das zunächst nicht der Fall, so ist eine entsprechende Kodierung vorzunehmen. Als Beispiel sei der durch Tab. 24 gegebene Automat mit $X = \{x_1, x_2\}$, $Y = \{y_1, y_2\}$, $Z = \{a, b, c, d\}$ betrachtet.

Tabelle 24

x \ z	a	b	c	d	
	y_1	y_1	y_2	y_2	} y
x_1	a	d	b	c	
x_2	b	c	a	d	

Als Kodierung kann man z. B. $x_1 = 0$, $x_2 = 1$, $y_1 = 0$, $y_2 = 1$ $a = \begin{pmatrix} 0 \\ 0 \end{pmatrix}$, $b = \begin{pmatrix} 1 \\ 0 \end{pmatrix}$, $c = \begin{pmatrix} 0 \\ 1 \end{pmatrix}$, $d = \begin{pmatrix} 1 \\ 1 \end{pmatrix}$ wählen. Tab. 24 geht dann in Tab. 25 über.

Tabelle 25

x \ z	0 0	1 0	0 1	1 1
y	0	0	1	1
0	0 0	1 1	1 0	0 1
1	1 0	0 1	0 0	1 1

In- und Output sind als einstellige, die Zustände als 2-stellige Binärvektoren $x, y, z = \begin{pmatrix} z_1 \\ z_2 \end{pmatrix}$ kodiert.

Für jede Komponente dieser Vektoren läßt sich anhand von Tab. 25 die Überführungs- und Ergebnisfunktion unter Verwendung geeigneter BOOLEscher Funktionen explizit angeben. Man erhält

$$
\begin{aligned}
z_1(t+1) &= f_1\big(z_1(t), z_2(t), x(t)\big) \\
z_2(t+1) &= f_2\big(z_1(t), z_2(t), x(t)\big) \\
y(t) &= f_3\big(z_1(t), z_2(t)\big)
\end{aligned}
\tag{25}
$$

mit den Wahrheitstafeln der Funktionen f_i in Tab. 26,

Tabelle 26

z_1	z_2	x	f_1	f_2	f_3
0	0	0	0	0	0
0	0	1	1	0	0
0	1	0	1	0	1
1	0	0	1	1	0
0	1	1	0	0	1
1	0	1	0	1	0
1	1	0	0	1	1
1	1	1	1	1	1

woraus man

$$\begin{aligned} f_1 &= z_1(t) + z_2(t) + x(t) = z_1(t+1) \\ f_2 &= z_1(t) = z_2(t+1) \\ f_3 &= z_2(t) = y(t) \end{aligned} \tag{26}$$

ermitteln kann. Zur Realisierung jeder Komponente z_i des Zustandsvektors verwenden wir ein Flip-Flop-Bauelement, zunächst ein D-Flip-Flop-Bauelement $\mathcal{D}_i$. Die Flip-Flop-Elemente $\mathcal{D}_i$ werden gemäß (26) logisch miteinander verschaltet. Der Speicherinhalt des Elementes $\mathcal{D}_i$ zur Zeit t ist gleich dem Wert $z_i(t)$. Abb. 11 zeigt die zugehörige Schaltung.

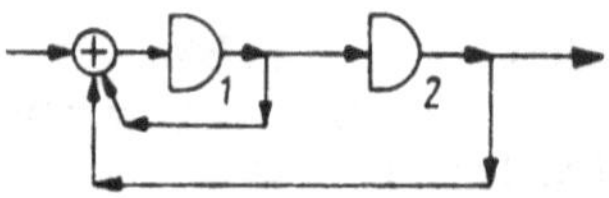

Abb. 11

Will man einen Automaten mit T-Flip-Flops aufbauen, so ist zu berücksichtigen, daß $z_i(t+1)$ der Speicherinhalt des T-Flip-Flops $\mathcal{D}_{T_i}$ zur Zeit $t+1$, Input $x_i'(t)$ und Speicherinhalt $z_i(t)$ zur Zeit t in der Form

$$x_i'(t) = z_i(t+1) + z_i(t)$$

zusammenhängen.

Strebt man

$$z_i(t+1) = f_i(t)$$

an, so ist der notwendige „Steuerinput" für $\mathcal{D}_{T_i}$ gleich

$$f_i'(t) = f_i(t) + z_i(t). \tag{27}$$

Für $z_i(t) = 0$ folgt sofort $f_i'(t) = f_i(t) = z_i(t+1)$. Aus $z_i(t) = 1$ und $f_i(t) = 1$ erhält man $f_i'(t) = 0$ und damit nach Tab. 23 $z_i(t+1) = 1$. Gilt $z_i(t) = 1$ und

$f_i(t) = 0$, folgt $f_i'(t) = 1$ und $z_i(t+1) = 0$. Wählt man also als Input von $\mathcal{D}_{T_i}$ den durch (27) definierten Steuerinput $f_i'(t)$, so gilt $z_i(t+1) = f_i(t)$. Aus (26) erhält man somit

$$\begin{aligned} f_1' &= f_1(t) + z_1(t) = z_2(t) = x(t) \\ f_2' &= f_2(t) + z_2(t) = z_1(t) + z_2(t) \qquad (28) \\ f_3 &= z_2(t) = y(t). \end{aligned}$$

Die Booleschen Funktionen f_i' bestimmen, wie die Speicher $\mathcal{D}_{T_i}$ verknüpft werden, geben aber nicht mehr unmittelbar den Zustand der $\mathcal{D}_{T_i}$ an. Die zu (28) gehörende Schaltung zeigt Abb. 12.

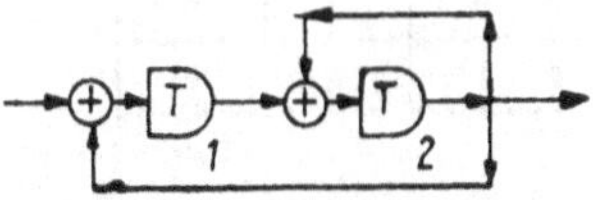

Abb. 12

Die Kodierung des in Tab. 24 gegebenen Automaten ist nicht eindeutig. Eine weitere mögliche Kodierung ist z. B.

$$x_1 = 0, \; x_2 = 1, \; y_1 = 0, \; y_2 = 1,$$

$$a = \begin{pmatrix} 1 \\ 0 \end{pmatrix}, \; b = \begin{pmatrix} 0 \\ 1 \end{pmatrix}, \; c = \begin{pmatrix} 0 \\ 0 \end{pmatrix}, \; d = \begin{pmatrix} 1 \\ 1 \end{pmatrix}.$$

Anstelle von Tab. 25 ergibt sich Tab. 27.

Tabelle 27

x \ z	1 0	0 1	0 0	1 1	
	0	0	1	1	} y
0	1 0	1 1	0 1	0 0	
1	0 1	0 0	1 0	1 1	

Die Wahrheitstafeln der Funktionen f_i sind in Tab. 28 dargestellt.

Tabelle 28

z_1	z_2	x	f_1	f_2	f_3
0	0	0	0	1	1
0	0	1	1	0	1
0	1	0	1	1	0
1	0	0	1	0	0
0	1	1	0	0	0
1	0	1	0	1	0
1	1	0	0	0	1
1	1	1	1	1	1

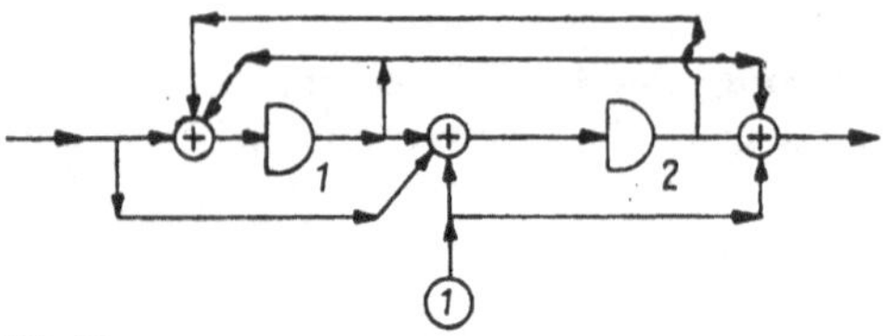

Abb. 13

Aus Tab. 28 erhält man

$$f_1 = z_1(t) + z_2(t) + x(t)$$

$$f_2 = 1 + z_1(t) + x(t)$$

$$f_3 = 1 + z_1(t) + z_2(t)$$

mit der Schaltung von Abb. 13.

Die in den Abb. 11, 12, 13 dargestellten Automaten sind zu dem in Tab. 24 definierten Automaten und zueinander isomorph. Automatentheoretisch sind sie also vollständig gleichwertig. Vom technischen Standpunkt wird man den Automaten von Abb. 11 dem von Abb. 13 vorziehen, da er in seiner technischen Realisierung einfacher und billiger ist. Die Kosten einer Realisierung sind, wie man sieht, wesentlich durch die Art der binären Kodierung bestimmt. Auf sich hieran anschließende Optimierungsprobleme gehen wir nicht ein.

Als weiteres Beispiel sei der durch Tab. 29 definierte Automat $\mathcal{A}$ mit $X = \{x^1, x^2, x^3\}$, $Y = \{y^1, y^2,\}$, $Z = \{z^1, z^2, z^3\}$ gegeben.

Tabelle 29

x \ z	z^1	z^2	z^3
x^1	z^2	z^1	z^3
x^2	z^1	z^2	z^1
x^3	z^3	z^3	z^2

x \ z	z^1	z^2	z^3
x^1	y^1	y^2	y^1
x^2	y^2	y^1	y^2
x^3	y^2	y^2	y^1

Input und Zustandsalphabet bestehen jeweils aus drei Symbolen, das Outputalphabet aus 2. Da es genau 2^n n-stellige verschiedene Binärvektoren gibt, sind zur binären Kodierung von Input- und Zustandsalphabet mindestens 2stellige und zur Kodierung des Outalphabets mindestens 1-stellige Binärvektoren $x = \begin{pmatrix} x_1 \\ x_2 \end{pmatrix}$, y, $z = \begin{pmatrix} z_1 \\ z_2 \end{pmatrix}$ erforderlich. Eine mögliche Kodierung ist beispielsweise

$$x^1 = \begin{pmatrix} 0 \\ 0 \end{pmatrix}, \; x^2 = \begin{pmatrix} 1 \\ 0 \end{pmatrix}, \; x^3 = \begin{pmatrix} 0 \\ 1 \end{pmatrix}, \; y^1 = 0, \; y^2 = 1,$$

$$z^1 = \begin{pmatrix} 0 \\ 0 \end{pmatrix}, \; z^2 = \begin{pmatrix} 1 \\ 0 \end{pmatrix}, \; z^3 = \begin{pmatrix} 0 \\ 1 \end{pmatrix}.$$

Aus Tab. 29 erhält man damit Tab. 30.

Tabelle 30

x \ z	0 0	1 0	0 1	1 1
0 0	1 0	0 0	0 1	.
1 0	0 0	1 0	0 0	.
0 1	0 1	0 1	1 0	.
1 1	.	.	.	.

x \ z	0 0	1 0	0 1	1 1
0 0	0	1	0	.
1 0	0	0	1	.
0 1	1	1	0	.
1 1	.	.	.	.

Für $z = \begin{pmatrix} 1 \\ 1 \end{pmatrix}$ und $x = \begin{pmatrix} 1 \\ 1 \end{pmatrix}$ sind Nachfolgezustand nicht erklärt. Die Booleschen Funktionen f_i mit

$$\begin{aligned} z_i(t+1) &= f_i\big(z_1(t), z_2(t), x_1(t), x_2(t)\big) \\ y(t) &= f_3\big(z_1(t), z_2(t), x_1(t), x_2(t)\big) \end{aligned}$$

sind nur partiell festgelegt. Ihre Wahrheitstafeln sind in Tab. 31 dargestellt.

Tabelle 31

z_1	z_2	x_1	x_2	f_1	f_2	f_3
0	0	0	0	1	0	0
0	0	1	0	0	0	0
0	0	0	1	0	1	1
1	0	0	0	0	0	1
1	0	1	0	1	0	0
1	0	0	1	0	1	1
0	1	0	0	0	1	0
0	1	1	0	0	0	1
0	1	0	1	1	0	0

Da es $2^4 = 16$ verschiedene Belegungen für 4stellige Boolesche Funktionen gibt, sind die Werte der Funktionen f_i jeweils für 7 Belegungen nicht erklärt.

Bei jeder technisch vorliegenden Schaltung mit n binären Speichern ist aber zu jedem der 2^n-Zustände bei beliebigem Input ein Nachfolgezustand und ein Output bestimmt. Mit anderen Worten: Teilweise erklärte, oder wie man auch sagt, partielle Automaten sind technisch nicht existent.

Es ist erforderlich, um zu einer Realisierung des durch Tab. 29 definierten Automaten durch binäre Speicherelemente zu kommen, die Tab. 30 bzw. 31 zu vollständigen Automatentafeln zu ergänzen. Da die Booleschen Funktionen f_i für jeweils 7 Belegungen nicht erklärt sind, gibt es für jede dieser Funktionen 2^7 Möglichkeiten, sie so zu ergänzen, daß sie mit Tab. 31 nicht im Widerspruch steht. Insgesamt sind das 2^{21} Möglichkeiten, Tab. 31 zu vervollständigen. Mögliche Funktionen f_1, f_2, f_3, die nicht zu Tab. 31 im Widerspruch stehen, sind z. B.

$$\begin{aligned}
f_1 &= 1 + x_1(t) + x_2(t) + z_1(t) + z_2(t) + z_1(t)x_2(t) \\
&\quad + z_2(t)x_1(t) \\
f_2 &= x_2(t) + z_2(t) + z_1(t)x_2(t) + z_2(t)x_1(t) \\
f_3 &= x_2(t) + z_1(t) + z_1(t)x_1(t) + z_1(t)x_2(t) + z_2(t)x_1(t) \\
&\quad + z_2(t)x_2(t).
\end{aligned}$$

Dadurch, daß wir uns auf diese Funktionen f_i festlegen, wird Tab. 31 durch den in Tab. 32 dargestellten Teil ergänzt.

Die vervollständigten Tab. 30 zeigt Tab. 33.

Durch die Kodierung $\begin{pmatrix}0\\0\end{pmatrix} = \mathrm{x}^1$, $\begin{pmatrix}1\\0\end{pmatrix} = \mathrm{x}^2$, $\begin{pmatrix}0\\1\end{pmatrix} = \mathrm{x}^3$, $\begin{pmatrix}1\\1\end{pmatrix} = \mathrm{x}^4$, $0 = \mathrm{y}^1$, $1 = \mathrm{y}^2$, $\begin{pmatrix}0\\0\end{pmatrix} = \mathrm{z}^1$, $\begin{pmatrix}1\\0\end{pmatrix} = \mathrm{z}^2$, $\begin{pmatrix}0\\1\end{pmatrix} = \mathrm{z}^3$, $\begin{pmatrix}1\\1\end{pmatrix} = \mathrm{z}^4$ ergeben sich daraus die Tab. 34, die einen Automaten $\mathcal{A}'$ definieren.

Tabelle 32

z_1	z_2	x_1	x_2	f_1	f_2	f_3
0	0	1	1	1	1	1
1	0	1	1	1	0	0
0	1	1	1	1	1	1
1	1	0	0	1	1	1
1	1	1	0	1	0	1
1	1	0	1	1	1	0
1	1	1	1	0	0	0

Tabelle 33

x \ z	0 0	1 0	0 1	1 1
0 0	1 0	0 0	0 1	1 1
1 0	0 0	1 0	0 0	1 0
0 1	0 1	0 1	1 0	1 1
1 1	1 1	1 0	1 1	0 0

x \ z	0 0	1 0	0 1	1 1
0 0	0	1	0	1
1 0	0	0	1	1
0 1	1	1	0	0
1 1	1	0	1	0

Tabelle 34

x \ z	z^1	z^2	z^3	z^4
x^1	z^2	z^1	z^3	z^4
x^2	z^1	z^2	z^1	z^2
x^3	z^3	z^3	z^3	z^4
x^4	z^4	z^2	z^4	z^1

x \ z	z^1	z^2	z^3	z^4
x^1	y^1	y^2	y^1	y^2
x^2	y^1	y^1	y^2	y^2
x^3	y^2	y^2	y^1	y^1
x^4	y^2	y^1	y^2	y^1

Der doppelt umrandete Teil der Tab. 34 stimmt mit Tab. 29 überein. Es ist klar, daß die durch Tab. 29 und 34 definierten Automaten $\mathcal{A}$ und $\mathcal{A}'$ weder isomorph noch äquivalent sind. Schließt man jedoch bei dem Automaten $\mathcal{A}'$ den Input x^4 aus, dann gilt: Zu jedem Zustand z^i von $\mathcal{A}$ ist der Zustand z^i von $\mathcal{A}'$ äquivalent. Die Umkehrung ist nicht richtig, da es zum Zustand z^4 von $\mathcal{A}'$ keinen äquivalenten Zustand von $\mathcal{A}$ gibt. Der Automat $\mathcal{A}$ ist in $\mathcal{A}'$ „eingebettet". Auf dem Automaten $\mathcal{A}'$ läßt sich das Input-Outputverhalten von $\mathcal{A}$ simulieren.

Allgemein gilt: Zu jedem Automaten $\mathcal{A}$ läßt sich in dem Sinne eine Realisierung $\mathcal{A}^*$ durch Flip-Flop-Elemente angeben, so daß $\mathcal{A}$ bis auf Isomorphie in $\mathcal{A}^*$ eingebettet wird und daß man das Input-Outputverhalten von $\mathcal{A}$ auf $\mathcal{A}^*$ simulieren kann. Ist die Anzahl der Zustände von $\mathcal{A}$ gleich N, so ergibt sich die Anzahl der mindestens erforderlichen Flip-Flop-Elemente als die kleinste Zahl n, für die

$$2^n \geqq N$$

erfüllt ist. Gilt außerdem, daß die Anzahl der Input- und Zustandssymbole von $\mathcal{A}$ jeweils eine Zweierpotenz ist, so läßt sich aus Flip-Flop-Elementen eine zu $\mathcal{A}$ isomorphe Realisierung $\mathcal{A}^*$ synthetisieren.

2.7. Realisierungen durch formale Neuronen

Als Vorstufe des Bauelementes „formales Neuron" kann man ein „Schwellenwertelement" ansehen, das Abb. 14 zeigt.

Ein Schwellenwertelement hat n binäre Eingänge und einen binären Ausgang. Sein Input ist dementsprechend ein n-stelliger Binärvektor $\boldsymbol{x}$; sein Output y (0 oder 1) ist durch den momentan anliegenden Input bestimmt, da es sich um ein kombinatorisches Bauelement handelt. Jeder Eingang i ist mit einer reellen Zahl g_i, seinem Gewicht, markiert. Das n-Tupel $\boldsymbol{g} = (g_1, g_2, \ldots, g_n)$ wird als

Gewichtsvektor bezeichnet. S, der Schwellenwert, ist ebenfalls eine reelle Zahl.

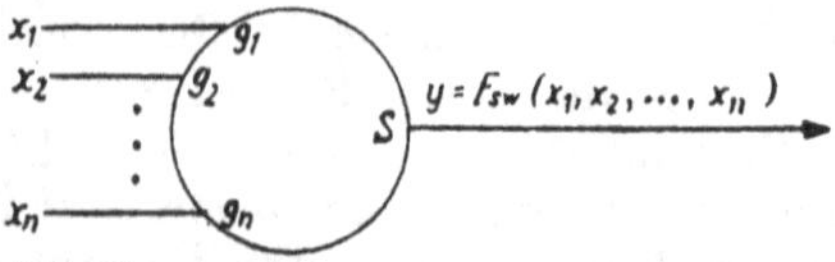

Abb. 14

Für den Output y gilt

$$y = \begin{cases} 1 & \text{für } \sum_{i=1}^{n} g_i x_i \geqq S \\ 0 & \text{für } \sum_{i=1}^{n} g_i x_i < S. \end{cases}$$

Jedem durch ($\boldsymbol{g}$, S) charakterisierten Schwellenwertelement ist damit eindeutig eine BOOLEsche Funktion

$$F_{SW}(x_1, x_2, \ldots, x_n) \text{ mit}$$

$$F_{SW}(x_1, x_2, \ldots, x_n) = \begin{cases} 1 & \text{wenn } \sum_{i=1}^{n} g_i x_i \geqq S \\ 0 & \text{wenn } \sum_{i=1}^{n} g_i x_i < S \end{cases} \tag{29}$$

zugeordnet. Man sagt auch, daß das Schwellenwertelement eine Realisierung der Funktion F_{SW} sei.

Existieren zu einer vorgegebenen BOOLEschen Funktion F $(x_1, x_2, \ldots, x_n)$ ein Gewichtsvektor $\boldsymbol{g} = (g_1, g_2, \ldots, g_n)$ und eine Schwelle S, so daß (29) für F erfüllt ist, dann heißt F Schwellenwertfunktion. Die Schwellenwertfunktionen sind eine Untermenge aller BOOLEschen Funktionen. Einzelheiten findet man z. B. in [13, 14].

Führt man den Output des Schwellenwertelementes als Input in ein D-Flip-Flop-Element, so kann man diese Vereinigung von Schwellenwertelement und D-Flip-Flop als Modell eines formalen Neurons $\mathcal{N}$ ansehen. Die entsprechende Schaltung ist in Abb. 15 dargestellt.

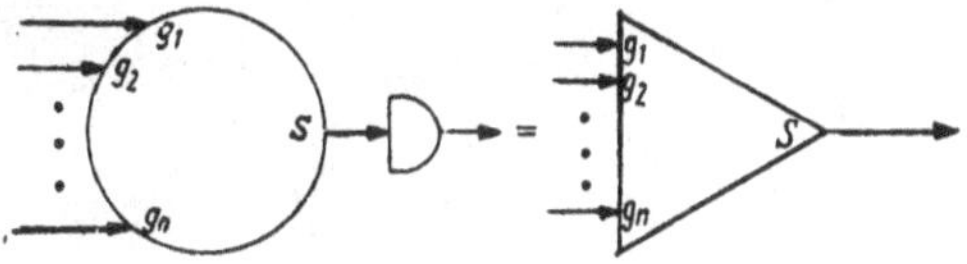

Abb. 15

Ein formales Neuron $\mathcal{N}$ wird dann durch die Gleichungen

$$z(t+1) = \begin{cases} 1 & \text{wenn} \quad \sum g_i x_i(t) \geqq S \\ 0 & \text{wenn} \quad \sum g_i x_i(t) < S \end{cases} \tag{30}$$

$$y(t) = z(t)$$

beschrieben. Gilt $z(t) = 1$, so ist das Neuron zur Zeit t erregt, gilt $z(t) = 0$, so ist es nicht erregt. Je nachdem, ob für den i-ten Eingang $g_i > 0$ oder $g_i < 0$ gilt, spricht man von einem anregenden oder hemmenden Eingang.

Durch entsprechende Wahl der Gewichte kann man stets erreichen, daß ein Eingang j ein „Vetorecht" gegenüber der Erregung des Neurons hat. Setzt man z. B.

$$-g_j \geqq \sum_{i \neq j} |g_i| + S \tag{31}$$

so ist $z(t+1) = 0$ für $x_j(t) = 1$ unabhängig vom Wert aller anderen Komponenten des Inputvektors erfüllt.

Aus dem in Abb. 15 dargestellten Neuron lassen sich Neuronennetze bilden. Ein Neuronennetz erhält man aus einzelnen Neuronen, indem man den Ausgang von Neuronen mit Eingängen anderer Neuronen oder des gleichen Neurons verbindet. Ein Ausgang kann mit mehreren Eingängen verbunden sein, jeder Eingang aber nur mit einem Ausgang.

Ein Beispiel eines Neuronennetzes ist in Abb. 16 dargestellt. Die nicht mit Ausgängen von Neuronen verbundenen Eingänge sind die Eingänge des Neuronennetzes; freie Ausgänge der Neuronen sind die Ausgänge des Neuronennetzes. Die Neuronen eines Netzes denken wir uns numeriert.

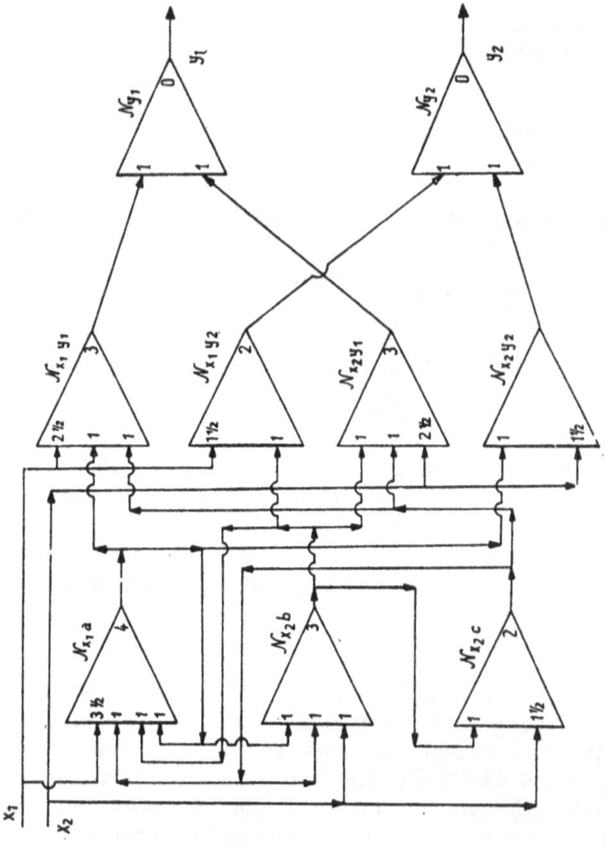

Abb. 16

Der Zustand z(*t*) des Neuronennetzes aus *M* Neuronen ist durch die *M*-Zustände $z_i(t)$ der Flip-Flop-Elemente definiert. Der Folgezustand ist dann, ebenso wie der Output, eindeutig durch Zustand und Input bestimmt.

Mathematisch wird ein Neuronennetz also durch einen bis auf Isomorphie eindeutig bestimmten abstrakten Automaten beschrieben. Wir zeigen nun, daß jeder endliche abstrakte Automat in ein Neuronennetz eingebettet werden kann (vgl. auch [15]), wobei der Output allerdings um 2 Takte verzögert wird. Sei $\mathcal{A}$ ein durch (X, Y, Z, f, g) charakterisierter endlicher Automat mit $X = \{x_1, x_2, \ldots, x_l\}$, $Y = \{y_1, y_2, \ldots, y_m\}$, $Z = \{z_1, z_2, \ldots, z_n\}$. Input und Output werden als l- bzw. m-dimensionale Binärvektoren kodiert. Die i-te Komponente des x_i zugeordneten Binärvektors ist gleich 1, sämtliche anderen Komponenten sind 0. In analoger Weise wird y_k ein Binärvektor zugeordnet, dessen einzige von 0 verschiedene Komponente die k-te ist. Das Neuronennetz wird aus $l \cdot (n + m) + m$ Neuronen so zusammengesetzt, daß es l Eingänge und m Ausgänge hat, die wir uns numeriert denken. Von den 2^l möglichen verschiedenen Inputs des Netzes sind hier nur die l Inputs von Interesse, die den x_i zugeordnet sind. m-Neuronen markieren wir mit den Outputsymbolen y_i und bezeichnen sie mit $\mathcal{N}_{y_i}$. Die Outputs dieser Neuronen sind die Outputs des Netzes. Ist $\mathcal{N}_{y_i}$ zur Zeit t erregt, so ist der Output des Netzes $y_i(t)$. $l \cdot m$-Neuronen markieren wir mit den Input- und Outputsymbolen und bezeichnen sie mit $\mathcal{N}_{x_i,y_i}$. Die übrigen $n \cdot l$-Neuronen markieren wir mit den Input- und Zustandssymbolen x_j, z_k und bezeichnen sie mit $\mathcal{N}_{x_j,z_k}$. Das Neuron $\mathcal{N}_{x_j z_k}$ soll genau dann zur Zeit t erregt sein, wenn der Automat im Zustand $z_k(t)$ ist und in diesen Zustand aus einem Vorgängerzustand durch den Input x_j überführt wurde.

Ist $Z_{x_j,z_k} = \{z_{k_1}, z_{k_2}, \ldots, z_{k_{p(k)}}\}$ die Menge der Zustände des Automaten, die durch x_j in z_k überführt werden, für die also

$$f(x_j, z_{k_i}) = z_k \tag{32}$$

gilt, so muß $\mathcal{N}_{x_j,z_k}$ zur Zeit $(t + 1)$ genau dann erregt sein, wenn der Input $x_j(t)$ anliegt und $z(t) = z_{k_j}(t) \in Z_{x_j z_k}$ ist. Das Neuron $\mathcal{N}_{x_j,z_k}$ denken wir uns aus einem D-Flip-Flop und einem Schwellenwertelement mit $r + 1$ Eingängen und der Schwelle $r + 1$ zusammengesetzt. Einer der Eingänge, wir nennen ihn ausgezeichneten Eingang, habe das Gewicht $r + \frac{1}{2}$, alle anderen das Gewicht 1.

Das Neuron kann nur dann erregt werden, wenn am ausgezeichneten Eingang der Input 1 anliegt und wenn mindestens noch an einem der nicht ausgezeichneten Eingänge eine 1 anliegt. Die nicht ausgezeichneten Eingänge von $\mathcal{N}_{x_j, z_k}$ verbinden wir mit den Ausgängen der Neuronen $\mathcal{N}_{x_i, z_{k_1}}$, $\mathcal{N}_{x_i, z_{k_2}}, \ldots, \mathcal{N}_{x_i, z_{k_p}}$, $(i = 1, 2, \ldots, l)$, wobei jeder Ausgang mit einem eigenen Eingang verbunden wird. Der ausgezeichnete Eingang ist mit dem Eingang j des Netzes verbunden.

Das Neuron $\mathcal{N}_{x_j z_k}$ ist dann erregt, wenn der Automat $\mathcal{A}$ im Zustand z_k ist und in diesen durch x_j überführt wurde. Mit

$$Z_{x_i, y_j} = \{\tilde{z}_{j_1}, \tilde{z}_{j_2}, \ldots, \tilde{z}_{j_q}\}$$

werden die Zustände bezeichnet, denen bei anliegendem Input x_i der Output y_j zugeordnet ist, für die also

$$g(x_i, z_{j_k}) = y_j \tag{33}$$

gilt. Es sind alle die Inputsymbole x_i zu betrachten, für die Z_{x_i, y_j} bei vorgegebenem y_j nicht leer ist. Das Neuron $\mathcal{N}_{x_i y_j}$ denken wir uns ebenso wie $\mathcal{N}_{x_i z_k}$ aus einem D-Flip-Flop und einem Schwellenwertelement mit $r + 1$ Eingängen, von denen r das Gewicht 1 und einer das Gewicht $r + \frac{1}{2}$ haben, zusammengesetzt. Die Schwelle ist $r + 1$. Der ausgezeichnete Eingang wird mit dem Eingang i des Netzes verbunden. Die nicht ausgezeichneten Eingänge von $\mathcal{N}_{x_i y_j}$ sind mit den Outputs der Neuronen $\mathcal{N}_{x_s \tilde{z}_j}$ verbunden, wobei

$$\tilde{z}_{k_j} \in Z_{x_i y_j}$$

ist. Das Neuron $\mathcal{N}_{x_i y_j}$ ist dann zur Zeit $t + 1$ erregt, wenn $x_i(t)$ anliegt und wenn $\mathcal{A}$ in einem der Zustände $\tilde{z}_k(t)$ ist, für die (33) gilt. Das Neuron $\mathcal{N}_{y_j}$ besteht aus einem D-Flip-Flop und einem Schwellenwertelement, dessen Schwellenwert 0 und dessen sämtliche Gewichte 1 sind. Die Eingänge von $\mathcal{N}_{y_j}$ werden mit den Ausgängen aller $\mathcal{N}_{x_i y_j}$ verbunden, wobei x_i die Werte $x_1, x_2, \ldots, x_l$ annimmt. $\mathcal{N}_{y_i}$ ist dann zur Zeit $t + 1$ erregt, wenn irgendein $\mathcal{N}_{x_i y_j}$ zur Zeit t erregt ist. Ist $\mathcal{N}_{y_j}$ zur Zeit t erregt, so gibt das Neutronennetz $y_j(t)$ in binär kodierter Form aus.

Damit haben wir zu einem beliebigen endlichen Automaten $\mathcal{A}$ ein Neuronennetz angegeben, das den Automaten einbettet, wobei allerdings der Output um zwei Takte verzögert wird. Es ist klar, daß die Modelle „formales Neuron" und Neuronennetz nur sehr grobe Näherungen der biologischen Wirklichkeit sind. So sind z. B. die Schwellenwerte der natürlichen Neuronen nicht zeitlich konstant, außerdem arbeiten diese nicht vollständig synchron. Es bilden sich durch Training Verknüpfungen heraus. Die Rolle des Zufalls ist vollständig ignoriert worden. „Stochastische Neuronen" und Netze aus ihnen werden insbesondere in [16] betrachtet.

Zum Abschluß betrachten wir noch die Realisierung des in Tab. 35 gegebenen Automaten $\mathcal{A}$ durch ein Neuronennetz.

Tabelle 35

x \ z	a	b	c
x_1	a	a	a
x_2	b	c	b

x \ z	a	b	c
x_1	y_1	y_2	y_1
x_2	y_2	y_1	y_1

Die Kodierung des In- und Outputs ist

$$x_1 = \begin{pmatrix} 1 \\ 0 \end{pmatrix} \quad x_2 = \begin{pmatrix} 0 \\ 1 \end{pmatrix} \quad y_1 = \begin{pmatrix} 1 \\ 0 \end{pmatrix} \quad y_2 = \begin{pmatrix} 0 \\ 1 \end{pmatrix}$$

Zur Realisierung sind $2 \cdot 3 + 2 \cdot 2 + 2 = 12$ Neuronen $\mathcal{N}_{x_1a}$, $\mathcal{N}_{x_1b}$, $\mathcal{N}_{x_1c}$, $\mathcal{N}_{x_2a}$, $\mathcal{N}_{x_2b}$, $\mathcal{N}_{x_2c}$, $\mathcal{N}_{x_1y_1}$, $\mathcal{N}_{x_1y_2}$, $\mathcal{N}_{x_2y_1}$, $\mathcal{N}_{x_2y_2}$, $\mathcal{N}_{y_1}$, $\mathcal{N}_{y_2}$, erforderlich. $\mathcal{N}_{x_2a}$ muß dann erregt sein, wenn $\mathcal{A}$ im Zustand a ist und in diesen aus einem Vorgängerzustand durch x_2 überführt wurde. Solche Vorgängerzustände gibt es nicht, und $\mathcal{N}_{x_2a}$ ist nie erregt. Ebenso überzeugt man sich, daß auch $\mathcal{N}_{x_1b}$ und $\mathcal{N}_{x_1c}$ nie erregt sind und in der Realisierung weggelassen werden können. Für $\mathcal{N}_{x_1a}$ erhält man

$$Z_{x_1a} = \{a, b, c\}.$$

Die nicht ausgezeichneten Eingänge von N_{x_1a} sind also mit den Ausgängen von $\mathcal{N}_{x_1a}$, $\mathcal{N}_{x_2b}$, $\mathcal{N}_{x_2c}$ verbunden, der ausgezeichnete Eingang mit dem Gewicht $3\frac{1}{2}$ mit dem Eingang 1. Die Schwelle von $\mathcal{N}_{x_1a}$ ist 4. Für $\mathcal{N}_{x_2b}$ ergibt sich

$$Z_{x_2b} = \{a, c\}.$$

Die nicht ausgezeichneten Eingänge von $\mathcal{N}_{x_2b}$ sind mit den Ausgängen von $\mathcal{N}_{x_1a}$ und $\mathcal{N}_{x_2c}$, der ausgezeichnete Eingang, dessen Gewicht $2\frac{1}{2}$ ist, mit dem x_2 entsprechenden Eingang 2 verbunden. Und für $\mathcal{N}_{x_2c}$ entnimmt man Tab. 35

$$Z_{x_2c} = \{b\}.$$

Der nicht ausgezeichnete Eingang von $\mathcal{N}_{x_2c}$ ist mit dem Ausgang von $\mathcal{N}_{x_2b}$ verbunden, der ausgezeichnete, dessen Gewicht $1\frac{1}{2}$ ist, mit dem Eingang 2. Für $\mathcal{N}_{x_1y_1}$ erhält man

$$Z_{x_1y_1} = \{a, c\}.$$

Die nicht ausgezeichneten Eingänge von $\mathcal{N}_{x_1y_1}$ sind dann mit den Ausgängen von $\mathcal{N}_{x_1a}$ und $\mathcal{N}_{x_2c}$ verbunden. Analog gilt für $\mathcal{N}_{x_2y_1}$

$$Z_{x_2,y_1} = \{b, c\},$$

für $\mathcal{N}_{x_1y_2}$

$$Z_{x_1y_2} = \{b\}$$

und für $\mathcal{N}_{x_2y_2}$

$$Z_{x_2y_2} = \{a\}.$$

Die nicht ausgezeichneten Eingänge von $\mathcal{N}_{x_2y_1}$; $\mathcal{N}_{x_1y_2}$; $\mathcal{N}_{x_2y_2}$ sind mit $\mathcal{N}_{x_2b}$, $\mathcal{N}_{x_2c}$; $\mathcal{N}_{x_2b}$; $\mathcal{N}_{x_1a}$ verbunden, die ausgezeichneten Eingänge mit den Eingängen 2, 1, 2. Die Eingänge von $\mathcal{N}_{y_1}$ sind mit den Ausgängen von $\mathcal{N}_{x_1y_1}$ und $\mathcal{N}_{x_2y_1}$ und diejenigen von $\mathcal{N}_{y_2}$ mit den Ausgängen von $\mathcal{N}_{x_1y_2}$ und $\mathcal{N}_{x_2y_2}$ verbunden. Das so erhaltene Neuronennetz ist in Abb. 11 dargestellt.

2.8. Lernsystem und Lernprozeß

Bei der Untersuchung von Lernprozessen werden oft verschiedene Arten des Lernens wie „Lernen durch Belehrung", „Lernen durch Versuch und Irrtum (trial and error)", „Lernen durch Speichern", „Lernen durch Optimierung" u. a. unterschieden.

In [17] wird eine einheitliche, formalisierte Lerntheorie vorgeschlagen. Bei jedem Lernvorgang ist es nach [17] typisch, daß es

a) ein lernendes Subjekt,

b) eine Umwelt, die mit dem lernenden Subjekt wechselwirkt,

c) ein Lernziel

gibt. Es ist selbstverständlich, daß das lernende Subjekt eine aus anorganischen Materialien zusammengesetzte Apparatur sein kann. Die Wechselwirkung zwischen Umgebung und lernendem Subjekt soll so quantisiert oder digitalisiert sein, daß die dem Problem angepaßte Genauigkeit erreicht wird. Auch die Zeit sei diskret. Die Einwirkung der Umwelt auf das lernende Subjekt soll also zu diskreten Zeitpunkten durch elementare Wirkungen x mit

$$x \in X$$

geschehen.

Die möglichen elementaren Reaktionen y des lernenden Subjekts, die im allgemeinen wieder auf die Umwelt zurückwirken, sollen aus Y entstammen:

$$y \in Y .$$

X heißt wie beim abstrakten Automaten Inputmenge, Y-Outputmenge. In konkreten Fällen können die elementaren Wirkungen und Reaktionen etwa elektrische Spannungen verschiedener Größe, Worte der deutschen Sprache, Strömungsgeschwindigkeiten von Flüssigkeiten usw. sein.

Das „Verhalten" des lernenden Subjektes zu einem bestimmten Zeitpunkt t ist durch die Reaktionen y_x auf alle möglichen elementaren Einwirkungen $x \in X$ auf das lernende Subjekt zur Zeit t bestimmt. Das Verhalten ist damit eine Untermenge $U(t)$ von $X \times Y$

$$U(t) \in P(X \times Y)$$

und hängt von der Vergangenheit des lernenden Subjektes ab.

Die Vergangenheit V ist eine Folge von elementaren Einwirkungen und zugehörigen Reaktionen

$$V = x^1 y^1 x^2 y^2 \cdots x^n y^n \tag{34}$$

$$\text{mit } x^i y^i \in X \times Y ,$$

wobei die oberen Indizes i den Zeitpunkt t_i bezeichnen sollen. Formal ist V ein Wort über der freien Halbgruppe $F(X \times Y)$. Manchmal scheint es zweckmäßig, das initiale Verhalten des lernenden Subjektes zur Zeit t_0, das durch $U(t_0)$ gegeben ist, zur Vergangenheit hinzuzunehmen. Ausgehend vom initialen Verhalten $U(t_0)$ ist dem lernenden Subjekt durch die Vergangenheit $V \in F(X \times Y)$ ein Verhalten $U(t) \in P(X \times Y)$

zur Zeit t zugeordnet, was man durch eine Abbildung λ mit

$$\lambda : F(X \times Y) \to P(X \times Y) \tag{35}$$

beschreiben kann. Unabhängig von konkreten Gegebenheiten wird durch (35) mathematisch formalisiert die Änderung des Verhaltens eines lernenden Subjektes beschrieben.

Die Abbildung λ wird als Lernsystem bezeichnet. Man sieht sofort, daß jeder durch (X, Y, Z, f, g) charakterisierte abstrakte Automat $\mathcal{A}$ ein Lernsystem ist. Das initiale Verhalten von $\mathcal{A}$ ist eindeutig durch den Initialzustand z_0 festgelegt. $U(t_0)$ besteht aus allen Paaren x, $g(z_0, x)$

$$U(t_0) = \{(x, y_x); x \in X \text{ und } y_x = g(z_0, x)\}.$$

Durch die Vergangenheit $V = x^1 y^1 x^2 y^2 \cdots x^n y^n$ ist der Zustand z_n durch

$$z_n = f\big(x_n, f(x_{n-1}, \ldots, f(x_2, f(x_1, z_0)) \ldots\big) \tag{36}$$

bestimmt. Das Verhalten $U(t_n)$ ist durch alle Paare x, $g(z_n, x)$

$$U(t_n) = \{(x, y_x); x \in X \text{ und } y_x = g(z_n, x)\} \tag{37}$$

gegeben. Und wegen (36) ist $U(t_n)$ durch z_0 und V bestimmt. Die Definition (35) für Lernsysteme ist so allgemein, daß von ihr auch Systeme erfaßt werden, die durch eine Vergangenheit nicht in ihrem Verhalten beeinflußbar sind. Beispiele solcher Systeme sind kombinatorische Schaltungen, d. h. abstrakte Automaten mit nur einem Zustand.

Wir wenden uns nun der Wechselwirkung zwischen lernendem Subjekt und Umwelt zu. Bei einem Lernvorgang hängt die zur Zeit t in das lernende Subjekt eingegebene elementare Wirkung $x(t)$ im allgemeinen von der Vergangenheit V des lernenden Systems ab. Ein Lehrer z. B. wird neuen Unterrichtsstoff in Abhängigkeit von bereits gebotenem Stoff und von den bisherigen Reaktionen der Schüler auf den gebotenen Stoff auswählen.

In anderen Fällen kann es vorkommen, daß die elementaren Wirkungen x unabhängig von der Vergangenheit, etwa stochastisch angeboten werden. Eine „feindliche" Umwelt wird elementare Wirkungen unter dem Gesichtspunkt anbieten, eine „Verbesserung" des Verhaltens des lernenden Subjekts möglichst zu verhindern. Allgemein wird dieser Sachverhalt durch eine Abbildung

$$\beta : \mathrm{F}(\mathrm{X} \times \mathrm{Y}) \to P(\mathrm{X}) \tag{38}$$

der freien Halbgruppe $\mathrm{F}(\mathrm{X} \times \mathrm{Y})$ in die Potenzmenge $P(\mathrm{X})$ beschreiben, die als Belehrung bezeichnet wird.

Auf Grund irgendwelcher, auf dieser abstrakten Stufe nicht näher zu präzisierender Vorstellungen, wird bei bekannter Vergangenheit entschieden, welche $\mathrm{x} \in \mathrm{X}$ als elementare Einwirkungen auf das lernende Subjekt zum betrachteten Zeitpunkt in Frage kommen. Als dritten Bestandteil eines Lernvorganges benötigen wir noch die formale Beschreibung des Lernzieles. Das Lernziel besteht in einem angestrebten Verhalten; im Fremdsprachenunterricht gegebenenfalls darin, daß ein in einer bestimmten Sprache vorliegender Satz in richtiger Weise in eine andere Sprache übersetzt wird. Dabei kann es durchaus vorkommen, daß zu einem Satz mehrere richtige Übersetzungen möglich sind.

Allgemein ist das Lernziel ζ eine Teilmenge von $(\mathrm{X} \times \mathrm{Y})$

$$\zeta \in P(\mathrm{X} \times \mathrm{Y}). \tag{39}$$

Nach diesen vorbereitenden Betrachtungen kann ein Lernprozeß durch ein 5-Tupel $(\mathrm{X}, \mathrm{Y}, \lambda, \beta, \zeta)$ definiert werden, wobei

X eine Menge (Menge der elementaren Einwirkungen auf das lernende Subjekt),

Y eine Menge (Menge der elementaren Reaktionen des lernenden Subjekts),

$\lambda : \mathrm{F}(\mathrm{X} \times \mathrm{Y}) \to P(\mathrm{X} \times \mathrm{Y})$ eine Abbildung der freien Halbgruppe $\mathrm{F}(\mathrm{X} \times \mathrm{Y})$ in die Potenzmenge $P(\mathrm{X} \times \mathrm{Y})$, d. h. ein Lernsystem,

$\beta : \mathrm{F}(\mathrm{X} \times \mathrm{Y}) \to P(\mathrm{X})$ eine Abbildung der freien Halbgruppe $\mathrm{F}(\mathrm{X} \times \mathrm{Y})$ in die Potenzmenge $P(\mathrm{X})$, (eine Belehrung),

$\zeta \in P(\mathrm{X} \times \mathrm{Y})$ eine Untermenge von $(\mathrm{X} \times \mathrm{Y})$ (ein Lernziel) sind. Das Lernen besteht dann darin, daß das Lernsystem λ durch elementare Einwirkungen einem gewünschten Verhalten, dem Lernziel ζ zustrebt. Die elementaren Einwirkungen werden dabei auf Grund der Vergangenheit und der Belehrung β bestimmt. Ausgehend von dieser Definition wird in [17] eine allgemeine Lerntheorie in Angriff genommen.

Zur Veranschaulichung dieser abstrakten Ausführungen betrachten wir eine lernfähige Schaltung aus den Bauelementen „Konjunktion", „Antivalenzstufe", „Einsgenerator" und Schiebespeicher (T-Flip-Flop) zum Erlernen n-stelliger Booleschen Funktionen $f(x_1, x_2, \ldots, x_n)$ [22]. Für die Booleschen Funktionen $f(x_1, x_2, \ldots, x_n)$ setzen wir voraus, daß sie in antivalenter Normalform

$$f(x_1, x_2, \ldots, x_n) = a_0 + \sum_{1 \leq i \leq n} a_i x_i + \sum_{1 \leq i < j \leq n} a_{ij} x_i x_j + \cdots$$
$$+ a_{12 \ldots n} x_1 x_2 \cdots x_n \tag{40}$$

dargestellt sind. Die Additionen sind wieder modulo 2 zu verstehen. Durch die Festlegung der 2^n Konstanten $a_0, a_i, a_{ij}, \ldots a_{12 \ldots n}$ zu 0 oder 1 ist genau eine der 2^{2^n} n-stelligen Booleschen Funktionen definiert. Sind in Gleichung (40) alle Koeffizienten $a_{ij \ldots k}$ gleich 1, so soll die dann durch (40) definierte Boolesche Funktion als f_1^n bezeichnet werden. Technisch läßt sich f_1^n durch eine Schaltung aus $2^n - n - 1$ Konjunktionen, einen Einsgenerator und eine Antivalenzstufe realisieren.

Für $n = 3$ ist die zugehörige Schaltung in Abb. 17 dargestellt.

Wir gehen nun zu getakteten sequentiellen Schaltungen über und verwenden Schiebespeicher in Form des Trigger-Flip-Flop, um vorhandene Verbindungen zwischen zwei Punkten einer Schaltung in „unterbrechbare Verbindungen" umzuwandeln. Eine unterbrechbare Verbindung zeigt Abb. 18.

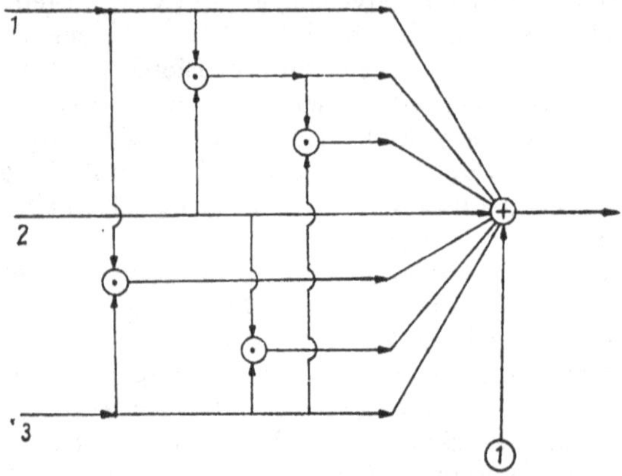

Abb. 17

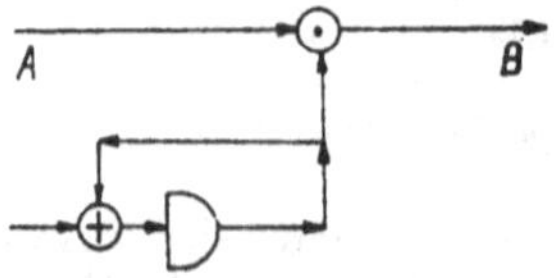

Abb. 18

Der Speicher ist dabei konjunktiv mit der ursprünglichen Verbindung verknüpft. Die Verbindung von A nach B in Abb. 18 ist genau dann unterbrochen, wenn der Inhalt des Speichers 0 ist.

Jede in die Antivalenzstufe hineinführende Verbindung der Realisierung von $f_1{}^n$ wird jetzt durch eine unterbrech-

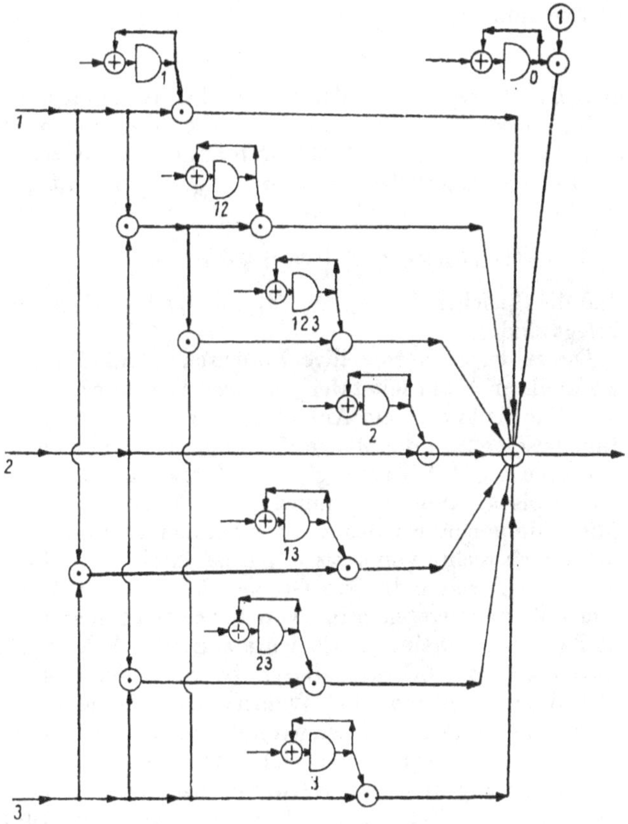

Abb. 19

bare Verbindung ersetzt. Die entsprechenden Speicherelemente $\mathscr{D}$ indizieren mit den Indizes der Eingänge, deren Konjunktion sie unterbrechen. Für $n = 3$ ist die so entstandene Schaltung in Abb. 19 dargestellt. Ist der Inhalt des Speicherelementes $\mathscr{D}_{ij \ldots k}$ gleich 0, so bedeutet das, daß die Verbindung, die die Konjunktion $x_i x_j \cdots x_k$ in die Antivalenzstufe einführt, unterbrochen ist und somit in (40)

$$a_{ij \dots k} = 0$$

gilt. Durch den Inhalt der 2^n Speicher ist dann die n-stellige BOOLEsche Funktion, die durch die sequentielle Schaltung realisiert wird, ebenso bestimmt wie durch die Angabe der Koeffizienten a_i, a_{ij}, a_{ijk}, ... So gilt z. B. für die BOOLEsche Funktion

$$f(x_1, x_2, x_3) = 1 + x_1 + x_2 + x_1x_3, \tag{41}$$

daß die Speicher $\mathcal{D}_0$, $\mathcal{D}_1$, $\mathcal{D}_2$, $\mathcal{D}_{13}$ mit 1, alle übrigen mit 0 belegt sind.

Die zu lernende n-stellige BOOLEsche Funktion sei in Form ihrer Wahrheitstafel gegeben. Wir interpretieren die Wahrheitstafel als Abbildung aller n-dimensionalen Binärvektoren in die Menge $\{0, 1\}$ und ordnen die Binärvektoren in $n + 1$ Klassen gleichen HAMMING-Gewichtes H von 0 bis n. Außerdem numerieren wir die Binärstellen (die Komponenten) der n-dimensionalen Vektoren von links nach rechts von 1 bis n und beschreiben die Binärvektoren durch indizierte Größen $\boldsymbol{b}_{ij \dots k}$. Als Indizes eines Vektors treten seine von 0 verschiedenen Binärstellen in Erscheinung. So wird z. B. der Vektor 0110 durch $\boldsymbol{b}_{23}$, der 0-Vektor durch $\boldsymbol{b}_0$ dargestellt. Die den Vektoren $\boldsymbol{b}$ durch die Wahrheitstafel zugeordneten Funktionswerte bezeichnen wir mit $f(\boldsymbol{b})$, die den Vektoren $\boldsymbol{b}$ durch die sequentielle Schaltung im betrachteten Zeitpunkt zugeordneten Werte mit $s(\boldsymbol{b})$. Die Anzahl der Indizes eines Vektors $\boldsymbol{b}$ ist gleich seinem HAMMING-gewicht H. In Tab. 36 wird die Funktion (41) als Beispiel betrachtet.

Soll nun die Funktion f von der sequentiellen Schaltung gelernt werden, so läuft das darauf hinaus, daß die Speicherelemente $\mathcal{D}_{ij \dots k}$ mit 1 zu belegen sind, wenn $a_{ij \dots k}$ in (40) gleich 1 ist, alle übrigen mit 0. Die Ermittlung der Darstellungsform (40) aus der Wahrheitstafel der Funktion gibt uns einen wesentlichen Hinweis für die Formulierung eines Lernalgorithmus.

Zunächst bestimmen wir a_0 zu $f(\boldsymbol{b}_0)$, indem wir in (40) $\boldsymbol{b}_0$ einsetzen. Anschließend bestimmen wir die $\binom{n}{2}$ Koeffizienten a_i unmittelbar aus der Beziehung

$$f(\boldsymbol{b}_i) = a_0 + a_i,$$

Tabelle 36

x_1	x_2	x_3	$\boldsymbol{b}$	H	$f(\boldsymbol{b})$
0	0	0	$\boldsymbol{b}_0$	0	1
1	0	0	$\boldsymbol{b}_1$	1	0
0	1	0	$\boldsymbol{b}_2$	1	0
0	0	1	$\boldsymbol{b}_3$	1	1
1	1	0	$\boldsymbol{b}_{12}$	2	1
1	0	1	$\boldsymbol{b}_{13}$	2	1
0	1	1	$\boldsymbol{b}_{23}$	2	0
1	1	1	$\boldsymbol{b}_{123}$	3	0

da a_0 schon bekannt ist. Im nächsten Schritt setzen wir in (40) alle $\binom{n}{2}$ Elemente $\boldsymbol{b}_{ij}$ der Klasse der Binärvektoren mit dem HAMMING-Gewicht 2 ein und erhalten

$$f(\boldsymbol{b}_{ij}) = a_0 + a_i + a_j + a_{ij},$$

woraus a_{ij} als einzige Unbekannte wieder sofort zu ermitteln ist. Führt man diesen Prozeß schrittweise bis zur Klasse der Binärvektoren mit dem HAMMING-Gewicht n durch, so sind in einfachster Weise alle 2^n Koeffizienten in (40) bestimmt.

Wir geben nun einen Algorithmus an, durch den in einem Geradeausverfahren jede n-stellige BOOLEsche Funktion in 2^n Schritten der entsprechenden Schaltung unabhängig von deren Initialzustand angelernt werden kann.

1. Wir geben $\boldsymbol{b}_0$ mit dem HAMMING-Gewicht 0 in die Schaltung ein, deren Reaktion $s(\boldsymbol{b}_0)$ ist. Sodann geben wir
$$s(\boldsymbol{b}_0) + f(\boldsymbol{b}_0)$$
in $\mathcal{D}_0$.
2. Wir geben nacheinander in beliebiger Reihenfolge die $\binom{n}{1}$ Vektoren $\boldsymbol{b}_i$ mit dem HAMMING-Gewicht 1 in die Schaltung ein, deren Reaktion $s(\boldsymbol{b}_i)$ ist. Sodann geben wir jeweils
$$s(\boldsymbol{b}_i) + f(\boldsymbol{b}_i)$$
in $\mathcal{D}_i$.
3. Wir geben nacheinander in beliebiger Reihenfolge die $\binom{n}{2}$ Vektoren $\boldsymbol{b}_{ij}$ mit dem HAMMING-Gewicht 2 in die Schaltung ein, deren Reaktion $s(\boldsymbol{b}_{ij})$ ist. Sodann geben wir jeweils
$$s(\boldsymbol{b}_{ij}) + f(\boldsymbol{b}_{ij})$$
in $\mathcal{D}_{ij}$.
4. Wir fahren in diesem Prozeß in der Reihenfolge wachsenden HAMMING-Gewichtes bis zur Klasse der Vektoren mit dem HAMMING-Gewicht n fort.

Gilt $f(\boldsymbol{b}_{ij\,\ldots\,k}) = s(\boldsymbol{b}_{ij\,\ldots\,k})$, so folgt $f(\boldsymbol{b}_{ij\,\ldots\,k}) + s(\boldsymbol{b}_{ij\,\ldots\,k}) = 0$, und der Inhalt des Speichers $\mathcal{D}_{ij\,\ldots\,k}$ ändert sich nicht. Gilt $f(\boldsymbol{b}_{ij\,\ldots\,k}) \neq s(\boldsymbol{b}_{ij\,\ldots\,k})$, so folgt $f(\boldsymbol{b}_{ij\,\ldots\,k}) + s(\boldsymbol{b}_{ij\,\ldots\,k}) = 1$, und der Inhalt des Speichers $\mathcal{D}_{ij\,\ldots\,k}$ wird geändert. Hatte der Speicher $\mathcal{D}_{ij\,\ldots\,k}$ schon den zur lernenden Funktion passenden Inhalt, so wird sein Inhalt nicht geändert. Hatte der Speicher $\mathcal{D}_{ij\,\ldots\,k}$ den zur zu lernenden Funktion nicht passenden Speicherinhalt, so wird sein Inhalt geändert. Da der Speicherinhalt nur zweier Werte fähig ist, ist dann der Inhalt nach der Änderung notwendig zur zu lernenden Funktion passend. In Tab. 37 ist der Ablauf des Lernalgorithmus für die in Tab. 36 betrachtete 3-stellige BOOLEsche Funktion von einem willkürlich gewählten Initialzustand der Speicherelemente aus dargestellt.

Tabelle 37

D_0	0	1	1	1	1	1	1	1	1
D_1	1	1	1	1	1	1	1	1	1
D_2	0	0	0	1	1	1	1	1	1
D_3	0	0	0	0	0	0	0	0	0
D_{12}	0	0	0	0	0	0	0	0	0
D_{13}	0	0	0	0	0	0	1	1	1
D_{23}	1	1	1	1	1	1	1	0	0
D_{123}	1	1	1	1	1	1	1	1	0
x_1	0	1	0	0	1	1	0	1	
x_2	0	0	1	0	1	0	1	1	
x_3	0	0	0	1	0	1	1	1	
f	1	0	0	1	1	1	0	0	
g	0	0	1	1	1	0	1	1	
$f + g$	1	0	1	0	0	1	1	1	

Als zweite Belehrungsmöglichkeit betrachten wir den Fall, daß die Binärvektoren $\boldsymbol{b}$ der Schaltung in Gruppen zu 2^n Vektoren eingegeben werden. In jeder Gruppe soll jeder Vektor genau einmal vorkommen. Die Reihenfolge der Vektoren innerhalb aufeinanderfolgender Gruppen kann variieren. Bleibt die Reihenfolge der Vektoren innerhalb aller Gruppen unverändert, so sprechen wir davon, daß die Binärvektoren in beliebiger Reihenfolge zyklisch eingegeben werden. Der Lernalgorithmus hat nun noch eine einfachere Form. Wird der Vektor $\boldsymbol{b}_{ij\ldots k}$ in die Schaltung eingegeben, deren Reaktion $s(\boldsymbol{b}_{ij\ldots k})$ ist, so wird in den Speicher $\mathcal{D}_{ij\ldots k}$ der Wert $s(\boldsymbol{b}_{ij\ldots k}) + f(\boldsymbol{b}_{ij\ldots k})$ eingegeben. Der Lernprozeß ist abzubrechen, wenn sich bei der Eingabe aller Binärvektoren einer Gruppe kein Inhalt eines Speicherelementes mehr ändert. Dieser Fall tritt nach endlich vielen Schritten auf, nämlich nach höchstens $(n + 1)2^n$, da in der ersten Gruppe mindestens $\mathcal{D}_0$, in der zweiten $\mathcal{D}_i$, in der dritten $\mathcal{D}_{ij}$, ... und in der $(n + 1)$-ten Gruppe $\mathcal{D}_{12\ldots n}$ richtig belegt werden.

Als dritten Fall betrachten wir noch, daß die Binärvektoren $\boldsymbol{b}_{ij\ldots k}$ unabhängig voneinander mit der

Wahrscheinlichkeit $p_{ij\,\ldots\,k}$ eingegeben werden. Die Wahrscheinlichkeit p, daß die BOOLEsche Funktion von der Schaltung gelernt wurde, ergibt sich dann wegen der vorausgesetzten Unabhängigkeit zu

$$p = p_0 \left(\binom{n}{2}! \prod_{1 \leqq i \leqq n} p_i\right) \left(\binom{n}{2}! \prod_{1 \leqq i \leqq j \leqq n} p_{ij}\right) \cdots \binom{n}{n}!\, p_{12\,\ldots\,n}. \tag{42}$$

Bemerkenswert ist hier für alle 3 Lernalgorithmen das besonders einfach übersehbare Konvergenzverhalten. (Die schnelle Entwicklung besonders der integrierten Technik gibt Anlaß dazu, die Verwendung lernfähiger Schaltungen dieses Types nicht von vornherein als finanziell untragbar anzusehen.)

In dem betrachteten Beispiel läßt sich das den Lernprozeß charakterisierende 5-Tupel (X, Y, λ, β, ζ) leicht angeben. Die Menge der elementaren Einwirkungen auf das lernende System besteht aus den 2^n-Binärvektoren $\boldsymbol{b}_{ij\,\ldots\,k}$, die die Belegung der BOOLEschen Funktion beschreiben und den 2^n Inputs in die Speicher $\mathcal{D}_{ij\,\ldots\,k}$, wobei jeweils nur der Inhalt eines Speichers durch die Eingabe einer 1 in diesen Speicher geändert wird. Bezeichnen wir eine Eingabe in den Speicher $\mathcal{D}_{ij\,\ldots\,k}$ mit $d_{ij\,\ldots\,k}$ ($d_{ij\,\ldots\,k} \in \{0, 1\}$), so gilt

$$\mathrm{X} = \{\boldsymbol{b}_{ij\,\ldots\,k},\ d_{lm\,\ldots\,n}\}.$$

Zur Menge der elementaren Reaktionen 0 und 1 wollen wir noch das leere Wort Λ hinzunehmen, so daß Y durch

$$\mathrm{Y} = \{0, 1, \Lambda\}$$

bestimmt ist.

Daß tatsächlich ein Lernsystem vorliegt, sieht man am einfachsten, wenn man die Schaltung automatentheoretisch darstellt. Bezeichnet man mit $z_{ij\,\ldots\,k}(t)$ den Inhalt des Speichers $\mathcal{D}_{ij\,\ldots\,k}$ zur Zeit t, so gilt

$$z_{ij\,\ldots\,k}(t+1) = \begin{cases} \bar{z}_{ij\,\ldots\,k}(t) & \text{für } \mathbf{x}(t) = d_{ij\,\ldots\,k} = 1 \\ z_{ij\,\ldots\,k}(t) & \text{für } \mathbf{x}(t) = d_{ij\,\ldots\,k} = 0 \\ & \text{oder } \mathbf{x}(t) = \boldsymbol{b}_{ij\,\ldots\,k}. \end{cases} \tag{43}$$

Die Größen $z_{ijk}(t)$ lassen sich als Komponenten eines 2^n-dimensionaler Zustandsvektor eines abstrakteren Automaten mit der Überführungsfunktion (43) auffassen. Die Ergebnisfunktion hat dann die Form

$$\begin{aligned} &y(t) \doteq \Lambda \text{ für } \mathrm{x}(t) = d_{ij\,\ldots\,k} \\ &y(t) = z_0(t) + \Sigma z_i(t) x_i(t) + \Sigma z_{ij}(t) x_i(t)\, x_j(t) \\ &\quad + \ldots + z_{12\,\ldots\,n}(t) x_1(t) x_2(t) \ldots x_n(t) \qquad (44) \\ &\text{für } \mathrm{x}(t) = b_{ij\,\ldots\,k}. \end{aligned}$$

Da jeder abstrakte Automat ein Lernsystem ist, ist auch die betrachtete Schaltung ein Lernsystem. Zu jedem Zeitpunkt ist zu jedem $x \in \mathrm{X}$ ein $\mathrm{y} \in \mathrm{Y}$ nach (44) und damit eine Untermenge von $(\mathrm{X} \times \mathrm{Y})$, ein Verhalten, bestimmt. Da der Zustand zur Zeit t in (44) aus dem Initialzustand nach (43) durch die Inputfolge hervorgeht, ist das Lernsystem eine Abbildung der freien Halbgruppe $\mathrm{F}(\mathrm{X} \times \mathrm{Y})$ in $P(\mathrm{X} \times \mathrm{Y})$. Die Werte von y gehen dabei mittelbar, über die Belehrung, in die Abbildung ein.

Die Belehrung β, eine Abbildung $\mathrm{F}(\mathrm{X} \times \mathrm{Y}) \to P(\mathrm{X})$, soll auf Grund der Vergangenheit $V \in \mathrm{F}(\mathrm{X} \times \mathrm{Y})$ die Entscheidung ermöglichen, welches $x \in \mathrm{X}$ im nächsten Schritt in das lernende Subjekt einzugeben ist. Allen betrachteten Lernalgorithmen ist hier gemeinsam, daß dem Input $\boldsymbol{b}_{ij\,\ldots\,k}$ der Input

$$d_{ij\,\ldots\,k} = \{f(\boldsymbol{b}_{ij\,\ldots\,k}) + s(\boldsymbol{b}_{ij\,\ldots\,k})\}$$

diesem der Input $\boldsymbol{b}_{ij\,\cdots\,k}$ und diesem wieder

$$d'_{ij\,\ldots\,k} = \{f(\boldsymbol{b}'_{ij\,\ldots\,k}) + s(\boldsymbol{b}'_{ij\,\ldots\,k})\}$$

usw. folgt. Die $\boldsymbol{b}_{ij\,\cdots\,k}$ werden entweder nach wachsendem Hamminggewicht, zyklisch oder stochastisch ausgewählt. Das Lernziel besteht aus der durch

$$\mathrm{x} = \boldsymbol{b}_{ij\,\ldots\,k},\ \mathrm{y_x} = f(\boldsymbol{b}_{ij\,\ldots\,k})$$

charakterisierten Untermenge von $\mathrm{X} \times \mathrm{Y}$. Die Literatur über lernende Automaten ist sehr umfangreich. Wir weisen hier auf [18—21] hin.

Anhang I

1. Mengen

Die Menge M, die aus allen Elementen m mit der Eigenschaft E besteht, wird als

$$M = \{m/m \text{ mit der Eigenschaft } E\} \qquad (1)$$

bezeichnet.

Beispielsweise kann man die Menge der geraden Zahlen N_G durch

$$N_G = \{n/n = 2 \cdot k \text{ und } k = 0, 1, 2, \ldots\} \qquad (2)$$

darstellen. Je nachdem, ob eine Menge endlich oder unendlich viele Elemente enthält, spricht man von endlichen oder unendlichen Mengen. Endliche Mengen kann man auch dadurch beschreiben, daß man ihre sämtlichen Elemente aufzählt. Die Menge M* mit

$$M^* = \{a, b, c\}$$

besteht aus den 3 Elementen a, b, c. Ist m ein Element von M, so schreibt man

$$m \in M.$$

Die Menge, die kein Element enthält, heißt leere Menge $\emptyset$. Folgt für alle $m \in M$, daß auch $m \in N$ gilt, so ist M Teilmenge oder Untermenge von N

$$M \subseteq N.$$

Die Nullmenge und die Menge N selbst sind stets Teilmengen von N. {a, b} und {c} sind beispielsweise Teilmengen von M. Die Menge aller Teilmengen einer Menge M bezeichnet man als Potenzmenge P(M).

Die Potenzmenge $P(M^*)$ von M^* ist die Menge, deren Elemente $\{\varnothing\}$, $\{a\}$, $\{b\}$, $\{c\}$, $\{a, b\}$, $\{a, c\}$, $\{b, c\}$, $\{a, b, c\}$ sind. Die Elemente der Potenzmenge einer Menge sind also Mengen. Für die Mengen M_1 und M_2 sind die Operationen Vereinigung $\cup$ und Durchschnitt $\cap$ durch

$$M_1 \cup M_2 = \{m/m \in M_1 \text{ oder } m \in M_2\} \tag{3}$$

und

$$M_1 \cap M_2 = \{m/m \in M_1 \text{ und } m \in M_2\} \tag{4}$$

erklärt, die in Abb. 20 veranschaulicht sind.

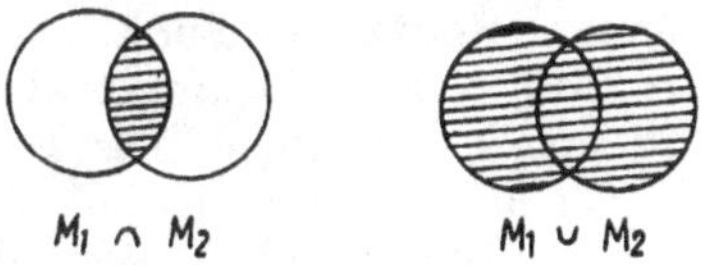

Abb. 20

Das karthesische Produkt $M = M_1 \times M_2$ der Mengen M_1 und M_2 ist die Menge aller geordneten Paare $[m_1, m_2]$ mit $m_1 \in M_1$ und $m_2 \in M_2$

$$M = M_1 \times M_2 = \{[m_1, m_2]/m_1 \in M_1 \text{ und } m_2 \in M_2\}. \tag{5}$$

Für $M'_1 = \{1, 2, 3\}$ und $M'_2 = \{1, 4\}$ gilt

$$M'_1 \times M'_2 = \{[1,1], [1,4], [2,1], [2,4], [3,1], [3,4]\}.$$

Die Menge aller Folgen $m_1, m_2, \ldots, m_n$ mit endlichem n und $m_i \in M$ heißt freie Halbgruppe F(M) über M, wenn man als Verknüpfungsoperation zwischen zwei Folgen die Verkettung, d. h. das Hintereinanderschreiben der beiden Folgen, verwendet. Sind alle möglichen Folgen auch ohne Kommata eindeutig in ihre Elemente zerlegbar, so werden die Kommata weggelassen.

Oft bezeichnet man M als Alphabet, Folgen endlicher Länge als Wörter und die Zahl der Elemente einer Folge als Wortlänge. Durch Verkettung, d. h. durch Hintereinanderschreiben zweier Wörter, erhält man ein neues Wort. Das leere Wort Λ, das aus keinem Symbol besteht, hat die Länge 0 und dient als neutrales Element der Halbgruppe. Wörter über dem Alphabet M_1, die zu $F(M_1)$ gehören, sind beispielsweise Λ, 1, 11, 111, 1211, 1322131, ... Durch Verkettung von 111 und 1211 erhält man das Wort 1111211, und die Verkettung von Λ und 111 ergibt 111.

2. *Boolesche Funktionen*

BOOLEsche Variable sind Variable, die nur die Werte 0 und 1 annehmen können. BOOLEsche Funktionen sind Funktionen, die von BOOLEschen Variablen abhängen und nur die Werte 0 und 1 annehmen. Die Funktion $f(x_1, x_2, \ldots, x_n)$ bezeichnet man als n-stellig, da sie von n Variablen abhängt. Jede BOOLEsche Funktion läßt sich in Form ihrer Wahrheitstafel darstellen. Jeder Belegung der n Variablen ist durch die Wahrheitstafel der Funktionswert zugeordnet.

Tab. 1 ist die Wahrheitstafel einer dreistelligen BOOLEschen Funktion.

Beispielsweise ist der Belegung $x_1 = 1$, $x_2 = 0$, $x_3 = 1$ durch Tabelle 1 der Funktionswert 1, der Belegung $x_1 = x_2 = x_3 = 1$ der Funktionswert 0 zugeordnet. Wie man sich am einfachsten unter Verwendung der Wahrheitstafeln überlegt, gibt es 2^{2^n} verschiedene n-stellige BOOLEsche Funktionen. Die Wahrheitstafeln der 4 einstelligen BOOLEschen Funktionen zeigt Tab. 2. f_1 und f_2 sind BOOLEsche Konstante 0 bzw. 1. Für f_3 gilt $f_3(x) = x$, und $f_4(x) = \bar{x}$ bezeichnet man als Negation von x. Von den zweistelligen BOOLEschen Funktionen sind die „Konjunktion" $x_1 \cdot x_2 = x_1 \wedge x_2$, Die „Disjunktion" $x_1 \vee x_2$ und die „Antivalenz" $x_1 + x_2 = x_1 \not\sim x_2$ von großer Wichtigkeit. Ihre Wahrheitstafeln sind in Tab. 3 dargestellt.

Tabelle 1

x_1	x_2	x_3	$f(x_1, x_2, x_3)$
0	0	0	1
1	0	0	1
0	1	0	0
0	0	1	1
1	1	0	1
1	0	1	1
0	1	1	0
1	1	1	0

Tabelle 2

x	$f_1(x)$	$f_2(x)$	$f_3(x)$	$f_4(x)$
0	0	1	0	1
1	0	1	1	0

Tabelle 3

x_1	x_2	$x_1 \cdot x_2$	$x_1 \vee x_2$	$x_1 + x_2$
0	0	0	0	0
1	0	0	1	1
0	1	0	1	1
1	1	1	1	0

Die n Variablen einer n-stelligen BOOLEschen Funktion fassen wir als Komponenten n-stelliger Binärvektoren auf. Die Anzahl der Einsen eines Binärvektors heißt sein HAMMING-Gewicht. So haben der Vektor (0000) das HAMMING-Gewicht 0, die Vektoren (1000), (1111) das HAMMING-Gewicht 1 bzw. 4.

Aus der Wahrheitstafel einer BOOLEschen Funktion kann man explizite Darstellungen der BOOLEschen Funktion als „Normalform" erhalten. Wir beschränken uns hier auf die antivalente Normalform, die für eine n-stellige BOOLEsche Funktion $f(x_1, x_2, \cdots, x_n)$ die Form

$$f(x_1, x_2, \ldots, x_n) = a_0 + \sum_{1 \leq i \leq n} a_i x_i + \sum_{1 \leq i < j \leq n} a_{ij} x_i x_j + \cdots + a_{12 \cdots k} x_1 x_2 \cdots x_n \tag{6}$$

hat. Die $a_{ij \ldots k}$ sind dabei aus $\{0, 1\}$. Das „+"-Zeichen bedeutet Antivalenz oder Addition modulo 2.

Um aus der Wahrheitstafel von f die Darstellung (6) in einfacher Weise zu erhalten, denken wir uns die 2^n n-stelligen Binärvektoren, die den verschiedenen Belegungen der Variablen entsprechen, nach wachsendem HAMMING-Gewicht geordnet. Die Binärvektoren bezeichnen wir mit indizierten Größen $\boldsymbol{b}_{ij \ldots k}$. Dazu numerieren wir die n Komponenten der Binärvektoren von links nach rechts von 1 bis n. Diejenigen Komponenten der Binärvektoren, die gleich 1 sind, treten als Indizes in Erscheinung. So werden beispielsweise die Binärvektoren 0000, 1010, 1111 durch $\boldsymbol{b}_0$, $\boldsymbol{b}_{13}$, $\boldsymbol{b}_{1234}$ bezeichnet. Die Anzahl der Indizes ist gleich dem HAMMING-Gewicht der Binärvektoren. Aus der Wahrheitstafel der BOOLEschen Funktion ist $f(\boldsymbol{b}_{ij \ldots k})$ bekannt. a_0 ist dann zu

$$a_0 = f(\boldsymbol{b})_0 \tag{7}$$

bestimmt. Für a_i gilt

$$a_i = a_0 + f(\boldsymbol{b}_i). \tag{8}$$

Bei bekanntem a_0 sind die Koeffizienten a_i unmittelbar aus (8) zu entnehmen. Analog erhält man für a_{ij}

$$a_{ij} = a_0 + a_i + a_j + f(\boldsymbol{b}_{ij}) \tag{9}$$

usw. Indem man die Binärvektoren nach wachsendem HAMMING-Gewicht geordnet in 6 einsetzt, kann man in einfachster Weise die Koeffizienten der antivalenten Normalforn (6) ermitteln.

Als Beispiel betrachten wir die durch Tab. 1 definierte dreistellige BOOLEsche Funktion. Für die Koeffizienten der antivalenten Normalform erhält man

$$\begin{aligned}
f(\boldsymbol{b}_0) &= f(000) = 1 = a_0 && a_0 = 1\\
f(\boldsymbol{b}_1) &= f(100) = 1 = a_0 + a_1 && a_1 = 0\\
f(\boldsymbol{b}_2) &= f(010) = 0 = a_0 + a_2 && a_2 = 1\\
f(\boldsymbol{b}_3) &= f(001) = 1 = a_0 + a_3 && a_3 = 0\\
f(\boldsymbol{b}_{12}) &= f(110) = 1 = a_0 + a_1 + a_2 + a_{12} && a_{12} = 1\\
f(\boldsymbol{b}_{13}) &= f(101) = 1 = a_0 + a_1 + a_3 + a_{13} && a_{13} = 0\\
f(\boldsymbol{b}_{23}) &= f(011) = 0 = a_0 + a_2 + a_3 + a_{23} && a_{23} = 0\\
f(\boldsymbol{b}_{123}) &= f(111) = 0 = a_0 + a_1 + a_2 + a_3\\
&\qquad + a_{12} + a_{13} + a_{23} + a_{123} && a_{123} = 1
\end{aligned}$$

und die antivalente Normalform von f lautet

$$f = 1 + x_2 + x_1 x_2 + x_1 x_2 x_3 . \tag{10}$$

Zur technischen Realisierung BOOLEscher Funktionen verwenden wir die Bauelemente „Konjunktionsglied", „Antivalenzglied" und „Einsgenerator", die in Abb. 2 dargestellt sind.

Im Konjunktionsglied wird die Konjunktion aller Eingangsvariablen gebildet. Nur dann, wenn alle Eingangsvariablen den Wert 1 haben, ist $x_1 x_2 \cdots x_k$ von 0 verschieden. Im Antivalenzglied werden alle Eingangsvariablen antivalent miteinander verknüpft. $x_1 + x_2 + \cdots + x_k$ ist genau dann von 0 verschieden, wenn eine ungerade Zahl von Variablen x_i den Wert 1 hat. (Das

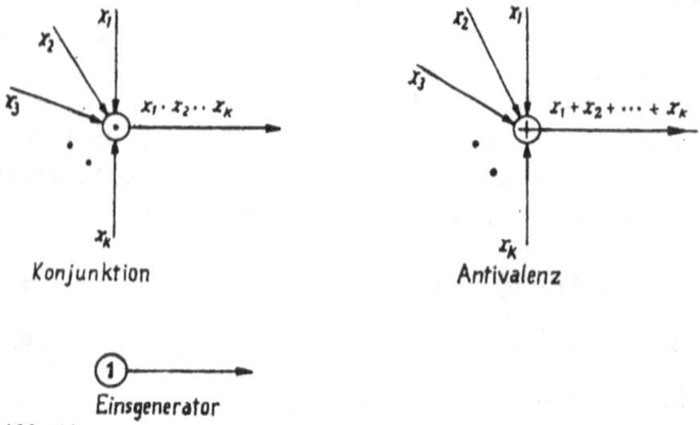

Abb. 21

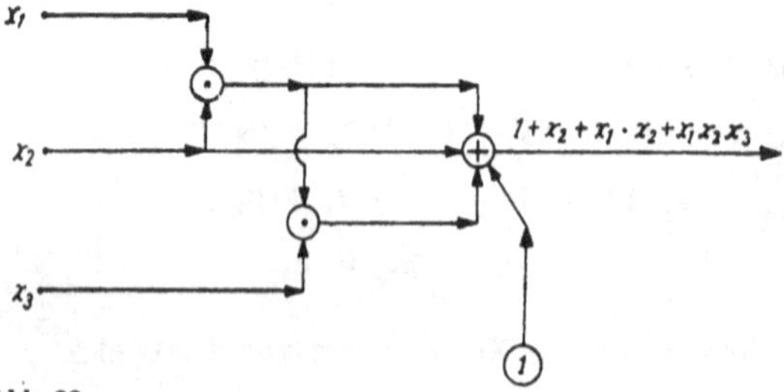

Abb. 22

Antivalenzglied bildet die modulo-2-Summe der Eingangsvariablen). Vom Einsgenerator wird ständig eine 1 ausgegeben. Die Funktion (10) wird durch die Schaltung von Abb. 22 realisiert.

Literatur

[1] Dawydow, A. S., Quantenmechanik, VEB Verlag der Wissenschaften, Berlin 1967 (Übers. aus dem Russ.)

[2] Gluschkow, W. M., Theorie abstrakter Automaten, VEB Verlag der Wissenschaften, Berlin 1963 (Übers. aus dem Russ.)

[3] Aisermann, M. A. u. a., Logik, Automaten, Algorithmen, Akademie-Verlag, Berlin 1967 (Über. aus dem Russ.)

[4] Starke, H. P., Abstrakte Automaten, VEB Verlag der Wissenschaften, Berlin 1965

[5] Бухараев, Р. Г., Вероятностные автоматы, Изд. казанского ун-та, Казан 1970

[6] Поспелов, Д. А.: Вероятностные автоматы Изд. Энергия, Moskau 1970

[7] Rabin, M. O., Lectures on Classical Probability Automata in Automata Theory (ed. Caianiello), Academic-Press, New York 1966

[8] Sedláček, J., Einführung in die Graphentheorie, Teubner-Verlag, Leipzig 1968

[9] Sachs, H., Einführung in die Theorie der endlichen Graphen, Teubner-Verlag, Leipzig 1970

[10] Harrisson, M. A., Introduction to switching and automata theory, McGraw-Hill Inc., New York 1965

[11] Ginsburg, A., Algebraic Theory of Automata, Academic Press, New York 1968

[12] Kleene, S. C., Representation of events in nerve nets and finite automata in Automata Studies (ed. by Shannon, C., E. and J. McCarthy), Princeton University Press 1956

[13] Sheng, Ch. L., Threshold Logik, Academic Press, New York 1969

[14] Dertouzos, M. L., Threshold Logik, M.I.T. Press Cambridge 1965, russ. Übers. Moskau 1967

[15] Arbib, M. A., Braims, Machines and Mathematics, Mc-Graw Hill Inc., New York 1964

[16] Zech, K.-A., Bemerkungen zur Theorie stochastischer und nichtdeterministischer Nervennetze, EIK 7, 407–424 (1971)
[17] Menzel, W., Theorie der Lernsysteme, Springer-Verlag, Berlin 1970
[18] Цыпкин, Я., З.: Адаптация и обучение в автоматических системах, Наука, Moskau 1968, deutsche Übers.
[19] Цыпкин, Я., З.: Основы теории обучающихся чистем, Moskau 1970
[20] Nilsson, N. J., Lerning Machines, Mc-Graw Hill Inc., New York 1965, russ. Übers. Moskau 1967
[21] Wolf, F. und Schmidt, A., Modelle lernender Automaten, elektronische Datenverarbeitung, Beiheft 8, Vieweg & Sohn, Braunschweig 1966
[22] Gössel, M. und Kämmerer, W., Eine lernfähige Schaltung für Boolesche Funktionen und ihr Konvergenzverhalten, msr, 13, 250–252 (1970)

Sachverzeichnis

Abbildung, sequentielle 45
—, zustandsfreie Beschreibung s. Ereigniskalkül
Abbildungsfamilie 45
Automat, abstrakter 21 ff.
—, autonomer 17
—, endlicher 24
—, indeterminierter 25
—, MEALY- 23
—, MEDWEDEV- 23
—, MOORE- 23
—, stark zusammenhängender 29
-en, Darstellung endlicher 25 ff.
Automatenabbildung 45
Automatenbaum 31
Automatengraph 27
Antivalenz 94
Antivalenzglied 97
Äquivalenz 43 ff., 48

Belehrung 82
BOOLEsche Funktion 94
— Variable 94

D-Flip-Flop 13, 61 ff.
Disjunktion 94

Einsgenerator 97
Ereignis, reguläres 61
Ereigniskalkül 56 ff.

Flip-Flop, D- 61 ff.
— —, Trigger- 61 ff.
freie Halbgruppe 43, 93
— —, Wörter der 43, 93

Gewichtsvektor eines Schwellenwertelementes 72

Halbgruppe, freie 43, 93
HAMMING-Gewicht 96
Homomorphie von Automaten 32 ff.

i-äquivalent 52
initialäquivalent 48
Initialzustand 23
Inputmenge 22
Inputwort 44
Inzidenzmatrix des Automatengraphen 29
Isomorphie von Automaten 32 ff.

karthesisches Produkt von Mengen 94
Konjunktion 94
Konjunktionsglied 97

Lernalgorithmus
—, Beispiel 87 ff.
Lernprozeß 79, 83
—, Beispiel 83 ff.
Lernsystem 79, 81
—, abstrakter Automat als 81

Menge, leere 92
Mengendurchschnitt 93

Mengenvereinigung 93
Minimierung s. Reduktion

Negation 94
Neuron
—, formales 73
Neuronennetz 73ff.
Normalform
—, antivalente 96

Outputmenge 22
Outputwort 44

Potenzmenge 93

Realisierung durch Flip-Flop 13, 61ff.
— durch formale Neuronen 71ff.
— im Sinne einer Einbettung 67ff., 71
Reduktion 11, 43, 53

Schiebespeicher s. D-Flip-Flop
Schwellenwertelement 71
Schwellenwertfunktion 72
Steuerinput eines Trigger-Flip-Flop 64

Teilmenge 92

Überführungsfunktion 23
Überführungstabelle 26

Wahrscheinlichkeitsautomaten 24, 30
Wort der freien Halbgruppe 93
—, leeres 43, 93

Zustand 23
zustandsfreie Beschreibung s. Ereigniskalkül
Zustandsmenge 22
Zustandswort 45

Der Autor

- beschreibt einleitend einfache Beispiele der täglichen Umgebung in automatentheoretischer Sicht

- erläutert anschaulich und mathematisch präzisiert die Grundbegriffe der Automatentheorie

- betrachtet verschiedene Automatentypen

- wendet sich hauptsächlich an technisch-naturwissenschaftlich interessierte Leser mit dem Ziel, die Nützlichkeit automatentheoretischer Überlegungen in Technik und Naturwissenschaft zu zeigen und den Leser zu selbständigen Überlegungen auf diesem Gebiet anzuregen

WISSENSCHAFTLICHE TASCHENBÜCHER

MIX
Papier | Fördert gute Waldnutzung
FSC® C083411

Zeitfracht Medien GmbH
Ferdinand-Jühlke-Straße 7
99095 Erfurt, Deutschland
produktsicherheit@kolibri360.de